POWER FACILITATION

"Power Facilitation" for Running Powerful Meetings

会議の生産性を高める
実　践
パワーファシリテーション

Kazuya Kusumoto
楠本和矢

すばる舎

はじめに

「生産性向上」への最短距離は、ファシリテーション。
「認められる人」になる最短距離は、ファシリテーション。

いち早く潮流を掴んでいる人事部から、そして、今後のビジネスで最も必要になるスキルを見極められるビジネスパーソンから、今最も注目を集めているテーマの1つが、「会議」を効率よく、且つ効果的に進めるための技法である、「ファシリテーション」です。

御社の会議や商談において、こんなことはありませんか？

「何のための会議か、よくわからないものが多い‥」
「会議で参加者をリードしていくことがどうも苦手だ‥」
「自分の主張を、強く押し付けてくる人ばかりで大変だ‥」
「営業スタッフが、いつも顧客のニーズや課題を聞き漏らしてくる‥」
「とにかく、アイデアが出てこなくて困る‥」
「いつも会議が意図しない方向に散らかってしまう‥」
「意思決定はするものの、納得感が得られていない気がする」
「商談やプレゼンが、いつも一方的なコミュニケーションで終わる‥」

コンサルティングという仕事柄、様々な業界の企業や、ビジネスパーソンの皆さまとお話しする機会が多く、こういったお悩みは本当によく伺います。

まさに、このようなお悩みを解決するためのスキルが「ファシリテーション」です。仕事における生産性を意識した時に、これらがなくてはならな

いスキルであることは、容易に想像が付くかと思います。本書は、そのための具体的な技法をできるだけわかりやすく解説し、現場ですぐ実践して頂くことを狙いとしたものです。

　本書が想定している、ファシリテーションの主な活用範囲を整理しておきましょう。

①組織／プロジェクトにおける会議
- 企画や施策等のアイデアを出す
- 生じている課題の要因や、成功要因を探る
- 複数の選択肢から、最適なものを選ぶ　など

②顧客との商談
- 提案の前に、顧客の本質的課題を引き出す
- 具体的な提案の前提となる「要件」を定義する
- プロジェクトの進捗や評価を確認する　など

③日常のコミュニケーション
- 部下から業務の進捗、結果報告を受ける
- 部下との面談や、フィードバックを行う
- ある業務において、他組織との調整を図る　など

　本書では、これらの場面を総称して「会議」と呼ぶことにします。例えば上記のような会議において、議題の目的とアウトプットをしっかり共有した上で、参加者から意見やアイデアを効果的に引き出し、時間内に、皆にとって納得感のある結論を導くためのスキルがファシリテーションです。

　そのような目的のもと、本書は主に、**業務の中核を担うミドルマネジャー（部課長層）や、次世代をにらむ20,30代若手ビジネスパーソン、組織全**

体の生産性向上に取り組んでいる人事部や経営層の方にお読み頂くことを想定しております。

　もし少しでも、ご興味をお持ち頂ければ、是非とも読み進めてみて下さい。きっと皆さまの課題解決の一助となる内容になっているはずです。

● **ファシリテーターになるまでのステップ**

　ちなみに、本書を手に取って頂いている方の中には、
「関心はあるけど、立場的にやる機会はあまりないから、活かせる場面は少ないかも・・」
「そもそも、いきなり皆の前でファシリテーターとして役割を果たせる自信がない・・」
などと思う方がいるかも知れません。

　お気持ちはわかりますが、そういう皆さまにとっても、本書は大変役に立つ内容になっているはずです。かといって、スパルタ的に「すぐファシリテーターにチャレンジすべし」と押し付けるつもりはありません。何事にも段取りというものはあります。以下、全くゼロの状態から、少しずつでもファシリテーターになっていくためのステップをお伝えします。

STEP1	STEP2	STEP3
「フォロワー」として会議を観察する	会議の「サポート役」になってみる	ファシリテーターに挑戦してみる

STEP1：まずは「フォロワー」として会議を観察する

　最初は、参加者として会議の進め方を観察することから始めます。漫然と観察するのではなく、その会議における「進め方のイメージ」を自分なりに持った上、それとのギャップを考えながら参加するということです。
　基本的には、以下の視点で会議を観察してみて下さい。

　1. 目的やアウトプットの確認はできているか？
　2. ムダのない構成か？
　3. わからないことをそのままにしていないか？
　4. 切り口を拡げたり、深掘りする「問い」は立てられているか？
　5. 基準を使った意思決定ができているか？

　チェックポイントとして、最初は上記の5点くらいで充分でしょう。
　それぞれの詳細については、本編で説明を行います。先ずはそれらを頭に入れ、「自分だったらどうするか」というイメージを持って、**他の人が進める会議を観察**してみて下さい。会議の進行が上手い人からも、その逆の方からも、きっと色々なことに気付けるはずです。

STEP2：会議を効果的に進める「サポート役」になってみる

　様々な会議を観察し、進め方のイメージが湧いてきたら、少しずつ会議への関与度を高めていきます。次にやることとは、その会議を仕切るリーダーやファシリテーターを、いいタイミングでサポートすることです。
　「いいタイミング」とは、下記のような状況です。

・議論が目的から逸れ始めていると感じた時
・全員があまり理解できない発言が出てきた時
・他メンバーが出した意見やアイデアを深掘りしたい時

・議論が、ある視点のみに偏っていると感じた時
・議論がスタックしてしまった時　など

　そういう場面で、本書でお伝えするファシリテーションの技法を、サポート役として繰り出してみて下さい。**日常の議論の中で、その進行や意思決定に貢献することは、組織やリーダーから評価を受けるために重要なことです。**

　例えば「目立つプロジェクト」で一発成功させるという、わかりやすいアピールの機会がふんだんにあるならば話は別ですが、実際はそうそうありません。となると、自分の優秀さを周りに伝えるための場面というのは、実は上役が集まる日常の会議だったりするのです。

STEP3：ファシリテーターに挑戦してみる

　意識して議論のサポートを行っていくことが、間接的にファシリテーションの経験として積み上がっているはずです。どんな小さな会議だったとしても、自分がその会議のリーダーとなる機会があれば、ファシリテーターとして会議を進めてみて下さい。それが最も始めやすいきっかけでしょう。

　もし、組織全体としてファシリテーションに関する理解が進んでいれば、今日は誰がファシリテーションを行うの？ と、会議の度（たび）にチャンスがありますが、そのような会社はまだ多くはありません。そうでもない限り、上役がいる会議で、「自分がファシリテーターをやります」と立候補することは、現実的に難しいかもしれません。

　ですので、あまり無理はしなくてもOKです。空気的にファシリテーターを務めにくい場合は、**先ず「STEP2：サポート役」としてスキルを発揮し、自分がリーダーの会議で「STEP3：ファシリテーター」の役割を担う**という使い分けでよいかと思います。

それでも充分に、本書でお伝えするスキルが活かせますし、組織にも貢献ができています。是非、できるところから、少しずつでもチャレンジしてみて下さい。

●ファシリテーターに挑戦するメリット

　ファシリテーションを行う目的は、もちろん組織の生産性アップに貢献することでありますが、ファシリテーターとなる本人にとって、どのようなメリットがあるのでしょうか。

　ファシリテーターとなった皆さまから伺うお話を（そして私自身の実感を少し加えたものを）もとに纏めてみます。

「日常的に『問い』を立てる習慣が付いた気がする・・」

- ちょっとしたコミュニケーションでも、「それって何でだろう？」とか「他の可能性はないかな？」「そもそも目的って何？」など、**自分や周りへ問いを立てることが、自然に増えていくでしょう**。それは、思考を活性化するという意味では大変重要です

「何かを考える『視野』が圧倒的に拡がった気がする・・」

- ファシリテーションでやることの1つは、情報の整理。できるビジネスパーソンとは、ある状況に直面した時、パッと「**考えなければいけないこと**」**をその場で出せる人**ですよね。そういうことが普通にできるようになってきます

「自然にリーダー的な期待を持たれるようになった気がする・・」

- ファシリテーションとは、メンバーの知恵を引き出し、質の高い意思決定を導くスキルだとするならば、まさにそれは「リーダーの役割」に直結します。これができると、「この人はリーダー的な役割を担える人

だ」という期待が普通に生まれてきます

「様々な仕事に巡り会う機会が増えた気がする・・」

- ファシリテーターは、「特定領域の専門性」を問いません。このスキルがあれば、**領域を超えた様々な仕事に携わる機会**が生まれます。社内外問わず、ファシリテーターとして呼ばれることは、自分の見識を拡げるブリッジになるのです

●本書でご紹介する内容の特徴

　本内容は、私自身がこの数年間で、膨大な数の企業を対象に、企業内研修プログラムとして提供している内容のエッセンスを書籍に取り纏めたものです。手前味噌ながら、実施後は各企業様から大変高いご評価を頂いており、その証左として、有り難いことにほぼ全ての企業様からリピートを頂戴しております。

　世の中には、様々なファシリテーションの書籍や研修がありますが、よくある「教科書的な概念の焼き直し」では全くありません。私自身の強い「ポリシー」が本プログラムの前提にあります。またそれは、実際にご受講された皆さまからご評価を頂いている理由でもあります。本書も、その考え方に沿ったものであるとお考え下さい。そのポリシーとは3点です。

① 「実践知」をベースとすること

　本書でお伝えする内容は、単に教科書的な概念を纏めたものでは決してなく、あくまでも**現場での実践の中で生み出された**「**方法**」です。言うは易しですが、そこまで言い切れる理由は、私自身が長年、様々な企業様と、マーケティング戦略や新規事業開発、組織戦略等をテーマとした膨大な数のプロジェクトを、ファシリテーターとして実際にやってきたことをベースとしているからです。もちろん、今も現役です。

今は講師として、多くの方にお伝えする立場ではありますが、もちろん、最初からできた訳ではありません。毎回、異なるお客様とのやりとりを通じて、試行錯誤しながら、色々な苦労と発見を繰り返し取り纏めた方法論です。だからこそ、現場で本当に必要とされるものや、スキル向上のあるべき手順論がわかるのです。

　それはお読み頂ければ、すぐに実感できると思います。絶対に押さえなければいけないもの、教科書には載ってはいるものの、現場でほとんど使わないので無視していいもの、細かい技法ではあるものの、覚えておけば役に立つものなど、相当にメリハリを効かせているつもりです。

②「再現性」を特に重視していること

　例えば、ビジネス書籍を読んだり、企業内研修を受けて、その瞬間は「できるようになったー！」と思えたとしても、（ちなみに、それすら思えないものも多いのですが・・）現場で実践できないと全く意味がありません。当たり前のことです。

　私が主催している研修プログラムでは、演習を実施頂いている皆さまに、かなり細かくフォローをしておりますが、それでも全員全く同じ時間でできるわけではありませんし、本書籍もまた然りです。だからといって、大量の概念だけを伝え、「後は現場で上手く解釈し、実践しさえすれば身に付きますよ」としてしまうのもいささか雑過ぎます。

　重要なこととは「再現性」です。覚えなければいけない膨大な概念があって、それらの全てを自分の中で咀嚼しなければ使えないものであったり、そもそも内容を思い出しにくいものだとするならば、それは伝える側に責任があります。そうではなくて、聞けばすぐに理解できること、そしてできるだけ現場で思い出しやすいこと。この２つにこだわって設計しているつもりです。

③「ホンネ」を大事にしていること

　研修を受けた、書籍を読んだ。方法論はマスターした。そしていざ現場でファシリテーションだ！‥と取り組んだとしても、相手は人間、自分も人間です。状況によっては「今、ファシリテーターとして指摘しなきゃいけない場面だけど、相手にどう思われるかわからないし、ちょっと抵抗感がある‥」というようなこともきっとあるでしょう。
「それができないとダメです」と、スパルタ的に言ってしまうのは簡単ですが、人の性格は十色、全員が強力なガッツを持っている訳ではありません。私自身もファシリテーションをしながら、「言わなきゃいけないけど、これはメンバーに言いづらいな、言ったらストレスを感じるな」と感じることは数知れずあります。

　人間ですので、感情的な理由で、合理的な判断を妨げてしまう時は必ずあります。故に、そういう**言いづらい場面でどうするか**ということにきちんと向き合わなければ、リアリティはありません。私自身も感じたことのある、ファシリテーションにおける「よくあるホンネ」に着目し、できるだけそれらを解決できるようなポイントを纏めています。

　以上が、本内容の開発、提供者である私のポリシーです。小難しい表現は極力避け、できるだけわかりやすく纏めているつもりです。是非、楽しんでお読み頂ければ幸いです。

楠本 和矢

会議の生産性を高める　実践 パワーファシリテーション　目次

はじめに……………………………………………………………………003

第1章 ファシリテーションの基本的な概念

ファシリテーションの基本的な概念……………020
「ファシリテーション」の基本的な理解……020
ファシリテーションが今必要とされている理由……026
ファシリテーションとリーダーシップ……030
リーダーはどうあるべきか……031
最後の意思決定は誰がするか……033

5つのファシリテーション技法……036
技法① 議論の構成をデザインできる……037
技法② アンテナを立て、問いを立てられる……037
技法③ 出てきた意見を整理できる……038
技法④ グラフィックを効果的に使える……039
技法⑤ 議論のスタックから抜け出せる……039
本プログラムの設計思想……041

第2章　(ファシリテーションの技法)
① 議論の構成をデザインできる

- 議論の構成をデザインする ……………………………… 044
  - 議論の基本的な始め方 ……………………………… 044
  - ダメな会議の始まり方 ……………………………… 047
- 議論の設計モジュール「5つのS」……………………… 050
  - 1. Share「共有」……………………………………… 051
  - 2. Set「定義」………………………………………… 052
  - 3. Spread「発散」…………………………………… 053
  - 4. Solve「解明」……………………………………… 054
  - 5. Select「選択」……………………………………… 055
- 議論モジュール「5つのS」の使い方 ………………… 056
  - 何故「モジュール」と呼んでいるか ……………… 056
  - モジュールの組み方サンプル ……………………… 059
  - 間違えやすいモジュール …………………………… 063
  - 議論の構成が機能するか否かをチェックする …… 064
  - Plan「計画」………………………………………… 066
  - 自分がファシリテーターでない時の活かし方 …… 066
  - 鍛錬の方法 …………………………………………… 067

第3章 （ファシリテーションの技法）
② アンテナを立て、問いを立てられる

議論の中で「4本のアンテナ」を立てる
「問い」とは、そもそも何か ……………………… 070
「4本のアンテナ」について ……………………… 072

アンテナ❶　ズレてない？ …………………… 074

どのように「ズレ」を正すか ……………………… 077
ズレているが、素晴らしい意見が出た時 ……… 081
自分がファシリテーターでない時の活かし方 … 082

アンテナ❷　意味わかる？ …………………… 083

「意味不明」な意見は、放置禁止 ……………… 083
「意味不明」な意見のパターン …………………… 084
「暴論」とは何か ………………………………… 087
先ずはここからやろう …………………………… 093
自分がファシリテーターでない時の活かし方 … 093

アンテナ❸　どう拡げる？ …………………… 095

切り口は、どのタイミングで出すのか ………… 099
切り口を出すためのヒント ……………………… 100

切り口の選び方 103
問いかけ方の例 106
自分がファシリテーターでない時の活かし方 109

アンテナ❹ どこを深掘る？ 112

深掘り方のパターン 114
意見やアイデアが一通り揃ったところで、
冷静に眺めてみる 118
自分がファシリテーターでない時の活かし方 121
番外編：議論を盛り上げるための技法 122

第4章

（ファシリテーションの技法）
③ 出てきた意見を整理できる

合意形成に向けて、意見を整理する 128
　1.「発散」の議論を整理する 128
　フレームを使い、発散しながら整理する 132
　2.「解明」の議論を整理する 137
　3.「選択」の議論を整理する 144
　フレームを使い、選択しやすくする 148
　4.「定義」の議論を整理する 155

5.「共有」の議論を整理する ……………………………… 158
自分がファシリテーターでない時の活かし方 ……………… 159

第5章 （ファシリテーションの技法）
④ グラフィックを効果的に使える

グラフィックを使うことの意味 …………………………… 164
 グラフィック化の目的 …………………………………… 164
 ホワイトボードに書き込む前の注意点 ………………… 166
グラフィック化の基本技法 ………………………………… 168
 グラフィック化のシミュレーション …………………… 169

第6章 （ファシリテーションの技法）
⑤ 議論のスタックから抜け出せる

「議論のスタック」を抜け出す ……………………………… 182
議論がスタックする、というのはどういう状況か？ ……… 182
何故「意見の対立」は起こるのか？ ……………………… 186
意見の対立が起こる原因 …………………………………… 186
4つの「前提のズレ」 ……………………………………… 187
それでも合意形成ができない場合の突破方法 …………… 195

付録 「ファシリテーション・カルテ」 ……………………… 200

おわりに ……………………………………………………… 203

第 **1** 章

ファシリテーションの基本的な概念

ファシリテーションの基本的な概念

「ファシリテーション」の基本的な理解

　先ずは、本書における「ファシリテーション」という概念について確認します。

> ファシリテーションとは・・・
> 参加者に<u>切り口を展開</u>して意見やアイデアを引き出した後、次に進めるための<u>要素の整理</u>を行い、<u>基準を提示</u>して合意形成を図る技法。

　特に重要な部分が下線を引いている3つの部分です。これらが、ファシリテーションのキモであると言っても過言ではありません。それでは、この3つについて簡単なケースを使って説明しましょう。

● ポイント1：「切り口を展開」すること

　ここは、あるIT系企業の営業部門。各チームにおける営業のパフォーマンスを更に高めるために、ブレストで沢山そのためのアイデアを出してみよう、ということになりました。ここで、マネジャーが二人登場します。

（マネジャー Aさん）

マネジャー　「では、今から法人営業のパフォーマンスを高めるためのアイデアを、皆さんに考えてもらいたいと思います。さぁ皆さん何でもいいので、アイデアを出してみて下さいー」

メンバー　　（シーン・・・）

マネジャー　「何もアイデア出ないの？　仕方ないなー。では私が考えた〇〇というアイデアをとりあえずやってみることにしよう。皆それでいい？」

　会議終了後、マネジャーAさんと話をしてみました。
「もうねー、ウチのチームはいっつもこうなんですよ。いくらやっても、なーんにもこのメンバーから出てこなくて、いつも困ってるんです。アイデア発想法とか学ばせるべきかなぁ・・・」

　なるほど。こういう話は私もよく聞きます。
　さて、ここでもう1人のマネジャー、Bさんのケースを見てみましょう。

（マネジャーBさん）

マネジャー　「では、今から法人営業のパフォーマンスを高めるためのアイデアを、皆さんに考えてもらいたいと思います。さぁ皆さん自由に考えて下さい・・・と言っても難しいですよね？　では初めにアイデアを考えるための切り口を皆さんに提示するところから始めましょう」

マネジャー　「1つ目の切り口は『体制』かな？　もっと全員が動きやすくなる体制とはどんなものかな？　結構やり方バラバラだよね？」
メンバー　　「そうですね。そこは考える余地がありそうです」
マネジャー　「OK。2つ目の切り口は『ツール』！　どんなツールがあれば、もっとやりやすくなりそう？　今っていい営業ツール沢山あるもんね」
メンバー　　「確かに。色々洗い出してみましょう」
マネジャー　「そして、3つ目の切り口は『スキル』かな？　必要なスキルを分解してみると、高める余地があるものが見えてくるかも・・」

メンバー 「そんな気がします。何が足りないか振り返りましょう」
マネジャー 「では、これら3つの切り口を私の方から出しましたが、これ以外の切り口は他にありそう？ ・・・OK、ではそれぞれの切り口に基づいてアイデアを出していきましょう・・・」

　さて皆さん、この2人のマネジャーの「進め方の違い」をどのように捉えましたか？

　アイデアが出ない、意見が出せない、議論が盛り上がらないことを、メンバーのせいにしていませんか？口に出さなくても、心の中でそう思っているマネジャーは結構多い気がします。でもそう考えるのは早合点です。

　意見やアイデアが出てこないのは、会議においてリーダーが適切な「切り口」を出すことができていないからです。 こういった会議は枚挙に暇がありません。こんなやり方で時間をいくら使っても、多くのアイデアや意見が出てくる予感はしません。これが「切り口を提示する」というものです。

●ポイント2：「要素の整理」をすること

　ここでまた、かの2人のマネジャーが登場します。先程のテーマでブレストを行った結果、色々なアイデアが出てきました。ここから先の進め方を比較してみましょう。

(マネジャー Aさん)

マネジャー 「・・・よし、何とか色々なアイデアが出てきたな。えーっと、
　　　　　①パソコンを○○社の△△というものに変更する
　　　　　②体制を動きやすいものに変えてみる
　　　　　③CRM

	④競合が何をやっているか調査する
	この４つね」
メンバー	「そうですね。先程の議論で出てきたものは以上です」
マネジャー	「OK、ではアイデアとして出てきた、これら４つの中から、チームとして取組むものを選ぼうか」

　さてここで質問です。先程の議論を通じて、一応アイデアとして４つ出てきていますが、本当にこのまま取組みの選択に進んでよいと思いますか？よく見てみると、以下のような疑問が湧いてきます。

・動きやすい体制、とはどういうこと？
・CRM、とは具体的に何？
・競合調査、とはアイデアではなく、施策を出すプロセスでは？

（マネジャー Bさん）

マネジャー	「なるほど。先ず『体制』についてのアイデアは４つ出てきたね。
	①営業体制をもっとコンパクトにする
	②クロージングのタイミングで必ず部長が登場する
	③メンバーの強みを発揮できる担当領域を決める
	④チームとしてギスギスした雰囲気を作らない
	以上かな？」
メンバー	「そうですね、出てきたものは以上です」
マネジャー	「OK。では、『体制』に関するアイデアをもう少し見てみよう。まず『①もっとコンパクトにする』という意見は面白いですが、具体的にどれぐらいのサイズをイメージしようか？」
メンバー	「確かに、このままではやや抽象的ですね」
マネジャー	「うん。あと、『④ギスギスした雰囲気を作らない』というのは

　　　　　　確かに必要だけど、この雰囲気は一体何で生まれているのかな？
　　　　　　これも少し深堀りすることが必要だよね」
メンバー　「確かに。これも要因を深掘りすることが必要そうですね・・・」

　皆さん、マネジャー2人の進め方の違いがわかりましたか？
　会議を行い、意見やアイデアが沢山(たくさん)出てきたとしても、**各要素の「レベル感」が、最初から全て整っているかと言えば、そんなことはかなり稀**です。そもそも、論点から外れているものも含まれているかもしれません。出てきた意見やアイデアを冷静に見渡してみると、かなりの「バラツキ」があることに気が付くはずです。

　それらをきちんと整えないまま、強引に次に進めようとしても、次からの議論がぐちゃぐちゃになることは目に見えています。意見やアイデアが出揃ったら一度立ち止まり、各要素のレベル感を整える作業を行わなければいけません。しかし、これができている人は、不思議と少ないのです。

●ポイント3：「基準を提示」すること

　最後も、2人のマネジャーが登場します。出されたアイデアの整理が一通り終わって、いよいよ合意形成する段階まで来ました。

(マネジャー Aさん)

マネジャー　「それでは、出てきたアイデアの中から、我々のチームとして取組むべきものを選ぼう。皆さんはどれがいいと思う？」
メンバー　「個人的には、PCを〇〇に取り替えるというアイデアがいいと思います。今のPCって起動時間が遅くて・・・」
マネジャー　「まあ、比較的簡単に導入できそうではあるな。他には？」
メンバー　「営業の体制を△△に変えるというのは、前にも出てきてましたし、どうですか？」

マネジャー　「確かに刷新感を出すためにも、これくらいの思い切りがあっていいかも。どっちを選ぼうか・・・なかなか判断に迷う・・・」
メンバー　　「うーん・・・」
マネジャー　「結論が出ないので、まぁ体制を変えるという施策から取組んでみようか・・・」

(マネジャー Bさん)

マネジャー　「それでは、出てきたアイデアの中から、チームとして取組むべきものを選ぼう。先ずは選択の『基準』を明確にしようか。リーダーとしては、今年度中に法人営業の利益を〇〇％高めたいと考えている。だから1つは『即効性の有無』という基準はどうかな？」
メンバー　　「賛成です。まあそのための議論でもありましたね。あと、現在の予算的な状況からするに、あまり大きなコストをかけることは難しいです。ですので、『コストの多寡』という基準も重要かと思います。いかがでしょうか？」
マネジャー　「確かに、それがないと現実的ではないな。では基準としてはその2つでOK？」
メンバー　　「異議なしです」
マネジャー　「では、それらの基準に照らし合わせ、候補案から選択してみようか・・・」

　これらの違いはわかりますよね。
　候補案が複数ある時に、皆が納得感を持って選ぶためには、**選択するための「基準」を明確にしておく必要があります**。合意形成の際に、避けては通れないプロセスです。この基準をどのようなものにするのか、いかに決めるかについては後述します。

イントロダクションとして、特に重要となる「ファシリテーションのポイント」について説明しましたが、おおよそのイメージは掴めましたか？

ファシリテーションが今必要とされている理由

　では何故、ファシリテーションスキルが、多くの企業や、感度の高いビジネスパーソンから求められているのでしょうか。主な理由は3つあります。

●理由1：コミュニケーションは、企業活動の生産性に直結するから

　企業活動の全てはコミュニケーションから始まります。ここのパフォーマンスが悪いと、全業務の生産性に悪影響を与えます。働き方改革、生産性向上は、今や全ての企業にとっての共通テーマ。それらを実現するための「1丁目1番地」にある課題が、まさにコミュニケーションスキルの向上であることを、人材育成に先進的な企業は既に気付き、何らかの取組みを始めています。

　しかし、未だそのテーマの本質に気付けず「残業をとにかくさせない」という、表面的な取組みにのみ終始している企業も散見されます。

　「生産性」という概念をシンプルに考えてみます。分母を単位時間あたりの「コスト」、分子を「成果」とした値を「生産性」とすることが、最もわかりやすい捉え方でしょう。この式に基づくと、残業させない取組みを進めると、残業代などが圧縮されるので、生産性のスコアは上がります。但し、それで分子である「成果」が維持できれば、の話です。

　もはや、分母である労働時間が縮減されていく流れを止めることはできません。そうなると、生産性を維持するためには

①同じ成果をより短い時間で出す
②同じ時間でより高い成果を上げる

上記のどちらかを実現するしかないのです。

中でも、企業活動の中で多くの時間を占める「会議」に着目します。単純に「会議は30分まで」と時間の制約を設ければ、それで生産性が上がるかというと、難しいでしょう。価値生産のための時間がただ単に削られるだけです。時間が短くなった分、**各個人が、上記の①か②を実現するスキルを得ないと、生産性は目減りする**ということです。

ファシリテーションとは、まさに①と②に直結するスキルです。だからこそ、昨今急速にニーズが高まってきているのでしょう。

COLUMN
「社員は優秀だが、ファシリテーションの概念がないと・・」

かなり昔の話ですが、あるデジタル系の会社に仕事で関与したことがありました。同社の当時の勢いは凄まじく、国内トップクラスの大学から数多く新卒で採用したり、有名企業から積極的に中途採用するなど、採用にもかなり力を入れていました。私の実感としても、社員の皆さん本当に優秀だなぁと感じていました。

しかし、1つだけ残念なことがありました。その会社には「ファシリテーション」という概念が一切なかったということです。故に、本当に一日中ずっと会議を繰り返していたのです。しかし幸か不幸か、皆優秀ではあるので、散々議論を繰り返した後、とにかく夜中に何かは決まるのです。それは決して健全な姿ではないでしょう。

その時私は、全く別の役割を担っていたので、そのスキルを広めること

には至りませんでしたが、「本当にもったいないな。皆さん**優秀だからこそ、ファシリテーションが少しできるようになるだけで、生産性は劇的に上がるのに‥**」と毎日感じていました。そういう過去の体験も、本プログラムを広めようと思った1つのきっかけとなっています。

● 理由2：異質な知の活用と統合は、今後の最重要テーマの1つだから

　ほとんどの市場において、成り行きの大きな市場成長が見込めない昨今、これから企業として成長を遂げていくためには、今まで持ち得なかった情報や、枠を超えたアイデアを社内外から努めて収集活用したり、外部企業との連携などを通じ、新しい価値を生み出さなければいけない時代です。

　そうなると、異質な知を引き出し、統合化するための力が間違いなく必要となっていきます。「あうんの呼吸」だけで完結する従前通りの仕事ならいざ知らず、自分たちの組織の外にいる人達は、こちらが黙っていても何も情報は提供してくれません。これからの時代、外に向けて「問い」を立て、情報や協力をパワフルに引き出して行かなければなりません。**いい「問い」を立てなければ、いい情報は入ってこない**、ということです。

　また、外部から引き出した色々な情報やアイデアを、いかにして採り入れるか、ということも大変重要です。今から5、6年前から「オープン・イノベーション」というキーワードが広まり、多くの企業が外部に知を求め、自らの事業に活用しようという取組みが広まってきました。

　しかし残念なことに、失敗しているケースも散見されます。この概念の提唱者でもある、ヘンリー・チェスブロウ博士によるオープン・イノベーションの定義を簡単に纏めると、「企業内部と外部のアイデアを有機的に結合させ、価値を創造すること」、つまり、外部の知と、自社の知を効果的に融合し、初めて成立するということです。故に、単に「使えそうなアイデアやリソースをぱくっと使う」ことではなく、得られた知のエッセン

スを自社の知と融合する作業、つまりそのための質の高い議論があってこそ、オープン・イノベーションは実現します。「何がそのエッセンスか？」「それは何と融合できるか？」そういう発想を促すために、ファシリテーションは欠かせません。

●理由3：ゼロから1を見つけ出す行為こそが、人間の役割だから

　AIのカバー領域がどんどん拡大する中で、「人間だからこそできること」「必要なスキル」とは何かについて、いよいよ真面目に考えるタイミングがやってきます。AIは、既に何らかの情報があり、そこから「正しい行動」を導き出すことに長けています。特に進んでいる業界の1つが金融業界です。例えば、ロボットアドバイザーというサービスは、過去の金融市場動向をインプット情報として、その人にとっての最適な投資行動をアドバイス、もしくは自動で投資してくれるというものです。既に「投資アドバイザー」という人間の仕事が取って代わられているのです。

　この本でAI論を語ることはしませんが、全てがすぐに取って代わられるかというと、もちろん否です。1人1人に散在する記憶や経験を掘り起こし、それらを統合することでゼロから新しい概念やアイデアを生み出していくような作業は、人間がやる以外にありません。

　1人から、あるいは複数の人間から、眠れる知を引き出し、そしてそれらを高度に解釈し、今までになかった価値を生み出す。そんな、**人間にしかできない役割を見直すとするならば、ファシリテーションはそのための必須スキルである**と、個人的には思います。

　以上、何故ファシリテーションスキルが必要になるかについて、私の解釈を申し上げました。逆に「**必要ではない理由**」「**やらなくてもいい理由**」**を考えることの方が難しい**と考えます。皆さまは、どのようにお感じになりましたでしょうか。

第1章　ファシリテーションの基本的な概念　029

ファシリテーションとリーダーシップ

　ここで少し話を変えてみましょう。重要な論点です。ファシリテーターに、「リーダーシップ」は必要なのでしょうか？ ここでのリーダーシップの定義を「ある目標に向け、メンバーを率いていく気概」としましょう。

　①ファシリテーターにリーダーシップは、むしろ必要ではない
　②ファシリテーターにこそ、リーダーシップは必要である

　本書のスタンスとしては、完全に②寄りです。つまりファシリテーターにこそ、強力なリーダーシップが必要だという見解です。
「いや違う。ファシリテーターとはあくまでも議論をサポートする役割であり、参加者から意見を引き出し、纏める役割であるので、メンバーをリードする役割とは異なる」という方もいるかもしれません。もちろん、決して間違いではありませんが、それが成立するのは、メンバー全員が論理的、合理的であり、ファシリテーションのことがわかっているという前提がある場合のみと、私は考えます。

　現実の会議とはなかなか厳しいものです。突如として出てくる、論点からズレた発言、偏った意見。合意形成までの時間がごく僅かに限られている状況。決めたくない人、決められない人達だらけ・・・
　メンバー全員が、論理的な思考の持ち主であればまだしも、正直言ってそんな状況はごくごく稀でしょう。現実の議論はカオスです。そんな中で「リーダーシップ」を発揮できず、**受身の態度、単なる議論の司会屋**という意識で臨んでしまうと、あっという間にタチの悪い議論に飲み込まれてしまいます。

リーダーはどうあるべきか

　ファシリテーションと密接に関連する「リーダーシップ」。もう少しだけ解説させて下さい。

　今度は、リーダーシップを最も発揮しなければいけない「リーダー」のあるべき姿から見た、ファシリテーションの位置付けについて説明します。

　ここで、2つのタイプのリーダー像を提示してみます。

オールドなリーダー像
- リーダーである自分が、最も優れたアイデアを持っていないといけない
- リーダーが「わからない」と言っては恥だ
- メンバーに自分の案を納得させる力こそ、優秀の証である

これからのあるべきリーダー像
- リーダーは、メンバーから色々なアイデアを引き出すことが役割だ
- リーダーがわからないことがあってもいい。そのままにすることの方が問題だ
- チームとして出した案から、最良の案を選ぶ力こそ重要だ

　今までは、左のようなリーダーでよかったのかもしれません。皆さんの周りにも、そういうリーダーはいませんか？　しかし、これから求められるリーダーとは、完全に右側です。つまり、**自分の意見やアイデアを「押し出す力」**ではなく、**情報やアイデアを周りから「引き出す力」**を有するリーダーです。

　何故、オールドなリーダーからの転換を図らなければいけないのでしょうか。その背景にあるのは、前述の、当該スキルが必要となる「3つの理由」に加えて、外的な要因として、一昔前と比べて扱える情報量が圧倒的に増加している事実です。

インターネットの普及と活用技術の発展と共に、人が扱える情報量は爆発的に拡大しました。総務省の調査（総務省「ビッグデータの流通量の推計及びビッグデータの活用実態に関する調査研究：平成27年）によると、2005年から2014年の9年間で、データ流通量は約9.3倍に増加したという報告があり、調査によっては更に拡大しているとの見方もあります。

　つまり、リーダー個人がその瞬間に有する情報量や知識量だけでアウトプットしても、世の中的に通用するものである可能性が低くなっているのです。リーダーは当然ながら、率先してそのような外部環境の変化に対応しなければいけません。

　これからのリーダーと、オールドなリーダーでは、メンバーに対する普段の問いかけ方も異なります。
　オールドなリーダーは「同調促し型の問いかけ」が癖になっています。例えば

> 「今年の戦略について、○×と△□という2つの施策に取組もうと考えているがどうか？」

という問いかけ方です。
　これは、議論の基点が「リーダーが考えた特定案」になっており、そこから発想を拡げにくい問いかけ方です。そもそも、YES／NO型の問いかけ故に、NOとも言いにくいでしょう。つまり、新しい情報が集まりにくい問いかけ方なのです。
　そうではなく、これからのリーダーは、当たり前のように**「思考促進型」の問いかけ**を繰り出すことが必要です。例えば

> 「今年の戦略について、先ず※△という切り口で見た時、あなたならどのような施策が考えられる？」

という問いかけ方です。そうすると、メンバーはフリーな状態から意見やアイデアが出せるので、発想を拡げて発言しやすくなります。また、発想の「切り口」が提示されており、メンバーの発想を促しているとも言えます。こういう問いかけ方が、まさに人の知恵や情報を引き出すための問いなのです。

最後の意思決定は誰がするか

研修でこの話をしている時に、よく出てくる質問として、「ファシリテーターが意思決定するの？」「リーダーとの役割の違いは？」というものがあります。

この質問に対しては、はっきりとこう答えています。「意思決定権を持つのはあくまでもリーダーであり、最後はリーダーが意思決定する」と。組織においてはそれがリーダーの役割だからです。意思決定権はファシリテーターにはありません。

ですので、仮にA案を採択するか、B案を採択するかという議論で、ファシリテーターが上手く議論を纏め、満場一致でA案に纏まったとしても、リーダーがB案と言えばそれが結論です。それは、それぞれの役割が決まっている組織である以上、仕方がありません。

では、ファシリテーターに意味がないかと言えば、大ありです。ファシリテーターとは、情報やアイデアをメンバーから充分に引き出すことを通じて、リーダーが「質の高い（目的を達成する可能性が高い）意思決定」をするための重要な支援役だと捉えて下さい。

リーダー＝ファシリテーターの場合も、ファシリテーションの意義は全く同じです。リーダーである自分が「質の高い」意思決定をするために、それをやるということです。
　また、会議によってはリーダー不在の場合もあります。この難しい状況こそ、ファシリテーションの真骨頂。何とか全員が納得できる結論に持っていかなければいけません。議論は必ずしも満場一致にならないものです。そういう時にもめげず、リーダーシップを持って進めて下さい。そのための技法については、後半で説明します。

> **COLUMN**
> **「オールドなリーダーが、メンバーの意見にケチを付ける理由」**
> 　よく聞く話であり、よく見かける状況です。会議でメンバーが意見を述べる度、仮にそれが誰が聞いても素晴らしい意見だったとしても、リーダーが「それは違う」「そんなことはできない」と、時に攻撃的な態度で、その意見やアイデアを潰しにかかることがあります。
> 　これが組織の中で常態化すると、誰も意見を積極的に出さなくなるばかりか、そういう態度がリーダーの振る舞いであると有望な若手が錯覚し、じきに同じようなリーダーに仕上がってしまう・・・という悲惨な状況に繋がります。私はそれを実際に端から見てきています。
>
> 　こういう状況は何故生まれるのでしょうか。
> 　それは、「リーダーの役割」についての捉え方が、リーダー自身曖昧であるからです。リーダーは、意思決定をすることが役割であり、そのために意思決定権を持っているのです。**下の立場の人間と一緒になってアイデアや意見を出すことは、リーダーの役割ではありません。**このような当たり前のことをしっかりと認識していないとこうなります。

つまり、アイデアを一緒になって出すことが役割だと思っているリーダーは、自分のより明らかに「いいアイデア」が出てくると、「自分が負けた」と認識し、尊厳を守るために、自分の役割を忘れ、無理矢理その意見を潰そうとします。そのくせそんな人は、いざ意思決定しようとすると、曖昧に濁したり、メンバーに意思決定の責任を押し付けたりします。それは、リーダーとしての役割がわかっていないからです。貴社で思い当たることはありませんか？

　意思決定権はあくまでもリーダーにあります。本来的には、リーダーはどっしり構えて、メンバーから意見やアイデアを出させて、その中から最適な意見を選択すればいいはずです。それをわかっていないから、前述のような言動が生まれてしまうのです。

　もう1つの理由は、リーダー自身がメンバーに対して、「意思決定権自体がメンバーにある」と勘違いさせてしまっているパターンです。リーダーは常に「責任を持って意思決定する」という行動をメンバーに対して見せていかないと、メンバーは「この人は意思決定できる人ではない」と見做し、結果としてなめられていくのです。これもリーダーの責任です。自分の役割とメンバーの役割の違いを明らかにし、行動で示していかなければ、「勘違いメンバー」が生まれ、そしてそのメンバーを潰すためにリーダーが攻撃的になってしまう、という悪循環に陥るわけです。恐ろしい構図です。実際、私はそういう組織を見たことがあります。

5つのファシリテーション技法

　ここまでに、ファシリテーションの位置付けや、その重要性について解説をして参りました。
　次のセクションから、具体的な技法の説明に移りますが、先ずは読者の皆さまに、本書での気付きをきっかけに、どのような存在になって頂きたいか、その思いをお伝え致します。

"Power Facilitator"（パワーファシリテーター）

「会議をコントロールする」という感覚を持ち
積極的な「問い」によってメンバーから知恵を引き出し
納得感のある意思決定まで力強くリードできる存在

　"Power Facilitator"（パワーファシリテーター）とは、「会議をコントロールする」という感覚を持ち、積極的な「問い」によってメンバーから知恵を引き出し、納得感のある意思決定まで力強くリードできる存在です。
　これが読後のゴールイメージであると捉えて下さい。そのような存在になるために、必要となるスキルを5つに要素分解しました。

技法① 議論の構成をデザインできる

　これは、会議の目的のもと、具体的なゴールに向けた議論のプロセスを設定するスキルです。

　会議にいきなり丸腰で突入しても、ファシリテーションは上手くいきません。事前に、議論の流れや繋がりが考慮された「アジェンダ」をしっかり練っておくことが必要です。

　これは単に、会議で議論したいことを漫然と並べればよい訳ではありません。例えば、あるテーマの「改善策の導出」をゴールとする会議があるとします。そこで最初から「施策アイデアを出せ」と促してもダメでしょう。そうではなく、

　　「メンバーがこの会議の背景をわかっていない様子なので、先ずその
　　　共有から入ろうかな・・・？」
　　「アイデアを出す前に、課題の分析から入らないとダメかな・・・？」

など、ゴールに向けて、**実際にどのような展開になっていきそうか、について想像力を働かせること**が必要です。最初はイメージした通りに進まないかも知れませんが、想定と現実のギャップを感じることにこそ学びがあります。馬なりで進めても、上手くいく可能性が低いばかりか、いくらそれを繰り返してもファシリテーションのスキルは高まりません。

技法② アンテナを立て、問いを立てられる

　これは、意見やアイデアを促進したり、ズレた議論を正す問いを繰り出すスキルです。

ファシリテーターは、自分で「答え」を見つけるのではなく、メンバーから答えを引き出す「問い」を立てる必要があります。これこそがファシリテーションの真骨頂と言えます。

　この「問い」は、意見やアイデアを引き出すためだけのものではありません。議論がズレたり、発言の意図が意味不明な時には、問いを立てて、論点のズレを正したり、発言の意図を確認することも必要です。また、出てきた意見のレベル感が揃っていることは稀である、と冒頭でも述べましたが、そのような時は、深掘りのための問いを立てる必要があります。

　しかし、テーマも状況も無限の種類と組み合わせがある中で、問いの文例を全て覚えることは現実的ではありません。重要なことは、的確な問いが自然に口から出てくるような、議論に臨む際の「意識の持ち方」です。

技法③ 出てきた意見を整理できる

　これは、出てきた意見を整理し、議論を次に進める、または完了させるためのスキルです。

　議論には、「発散」や「解明」など、幾つかのタイプがあります。それらを組み合わせてアジェンダを作り、ゴールに向かって段階的に議論を進めていく訳ですが、各段階にて出てきた意見やアイデアを「整理」しなければ次に進めません。

　そのためには、議論のタイプごとに、出てきた意見やアイデアを整理するための方法論（フレームワーク）を知っておくと、合意形成に向けた議論はかなりはかどります。

　「フレームワークって、調べるとかなり種類があって、どれを選択すればよいかわからない」という質問を受けることがあります。しかし、フレームワークの「形状」自体は幾つかしか種類はなく、それに異なる要素を入

れているだけです。重要なことは、**基本的な形状に、どのような「切り口」を施していくか**ということです。そう捉えると難しくはありません。

技法④ グラフィックを効果的に使える

　これは、ホワイトボードを使って議論内容を可視化し、議論を効果的に促進するスキルです。これがないと成立しない、ということではありませんが、ホワイトボードを効果的に使うことができれば、ファシリテーションの効率は格段にアップします。

　そもそも議論の目的やゴールが曖昧(あいまい)なまま進めてしまうと、議論がズレる恐れがありますが、これが可視化されているだけで、皆にそれを意識させながら進めていくことができます。また、今の論点はココ、というふうに、意図した部分に意識を集中させることも可能です。

　「議論は放っておくと、だいたいズレていくもの」という前提で考える方が、よほど現実的でしょう。それを少しでも防ぐためのスキルであると捉えてもよいでしょう。

　グラフィックは、議事録でもなく、お絵かきでもありません。それを目的化したような、あまりに凝った**表現は不要**です。前述の目的のもと、必要最小限の表現で充分です。

技法⑤ 議論のスタックから抜け出せる

　これは、議論が停滞した際に、そもそも、その状況を招いた原因を見極めて、それを解決し、先に進めるためのスキルです。

　現実の議論は一筋縄には進みません。目的やアウトプットを明確にし、

しっかりとアジェンダを組み、問いを立てながら進めたとしても、意見やアイデアが出てこなかったり、同じような議論が堂々巡りになったり、意見が対立してしまうことはあります。

ファシリテーターは、その状況を悲観していても始まりません。その原因を見極め、何とか突破口を見つけていきましょう。本書では、ファシリテーションを進める上で特に難しい状況である「意見の対立」にフォーカスします。

先ずやるべきことは、「前提のズレ」を疑うこと。**意見が対立する理由のほとんどは、この前提のズレに起因するものと言っていいでしょう。**それでもなお、対立の状況が続く場合もありますが、その対処法についても追加で解説を行います。

パワーファシリテーターになるための5つのスキル

①議論の構成をデザインできる
目的達成のために会議のゴール、プロセスを設計することができる

②アンテナを立て、問いを立てられる
議論の状況を把握することで、議論を正し、促進する問いが繰り出せる

③出てきた意見を整理できる
導出された意見を整理し、納得感のある意思決定ができる

④グラフィックを効果的に使える
議論内容を可視化することで、効果的に議論を促進することができる

⑤議論のスタックから抜け出せる
議論の停滞、対立の状況を整理し、合意形成に進むことができる

Power Facilitator

本プログラムの設計思想

　冒頭でも申し上げましたが、研修や本書でお伝えする内容は、教科書的な概念から出発したものではなく、あくまでも私自身がコンサルティングの現場で培ってきた実践知がベースになっているものです。

　ですので、あまりにも実用性の乏しい技法については大胆にカットし、特に現場で頻繁に活用されるような技法を掘り下げています。また、言葉自体が複雑であったり、抽象的な概念の羅列で混乱を招くようでは意味がありませんので、難しい表現は極力排除しています。とにかくシンプルにファシリテーションの本質的な部分が理解でき、そして現場で実践できることを目指しています。

　もし、本書をお読み頂き、更にファシリテーションのレベルを高めたいと思って下さった方は、我々が主催している、演習を中心に行う研修もございますので、ご参加下さい。

第 **2** 章

（ファシリテーションの技法）
① 議論の構成を
デザインできる

議論の構成をデザインする

議論の基本的な始め方

「ファシリテーション」と聞くと、会議の場のみで発揮されるスキルであると思われがちですが、実はそれが始まる前から準備をしなければ上手くいきません。出たとこ勝負で上手くいくほど甘くはないのです。

私の大好きな野球人である野村克也さんの言葉で「どれだけの備えをしたか。それで結果は決まる」というものがあります。ファシリテーションもまた然り。生身の人間を相手にする、長丁場の戦いであるが故、しっかりとした準備が必要です。どのような流れで発想の幅を拡げ、意見を収束し、皆が納得する合意形成に向かえるか。事前にその段取りを組むべきです。では、実際によくあるようなケースを見ながら、あるべきファシリテーションについて考えていきましょう。

（ケース）自社のブランド戦略を考える会議
　登場人物は、主人公であるフアシくんと、クールでインテリのAさん、辛口で毒舌なBさん、理論よりも感覚重視のCさん、以上の4名です。

　フアシくんが、何か会議の前に、熱い意気込みを語っているようです。

フアシ　「・・・今日は自社のブランド戦略を考える最初の会議。私がファシリテーターとして任命された仕事。不安だけど、ブランドについて予習もしてきたし、何とか頑張ってみよう！」

なるほど。テーマはわかりました。でも意気込みが空回りにならないように気を付けて・・・さて、会議が始まりました。

ファシ　　「さあ、皆さん始めますね。今日はこの会議で、我が社のあるべき『ブランド戦略』を考えていきたいと思います。大丈夫ですか皆さん？　そもそも、ブランドとはですね・・」
Aさん　　「総論としてはわかるんだけどさ、そもそも、ホントにそんなのやる必要あるの？　何のためにやるの？　もっと、広告プランとか考えたほうがいいんじゃないの？」
ファシ　　「確かにそうですね。じゃあAさん、広告についてどう考えているか教えて下さい」
Bさん　　「あれ、今日は何の話だっけ？」
ファシ　　「そうですね。では、一旦ブランドに戻しましょう。皆さんはどのようにお考えですか？」
Bさん　　「ブランドって言っても、いろいろあるよね。ここでどこまで議論するのかな？」
ファシ　　「もちろん、できるところまで議論したいですよね」
Cさん　　「お前も大変やな、会社からそんな指示が来て。まあ議論すること自体はええことや」
ファシ　　「ありがとうございます！　正直言って私もちょっとわからない部分もありますが、会社からもやれと言われてるし、とりあえず進めましょう・・・」

　こんな感じで会議が始まったとしましょう。
　では、皆さんに質問です。ここまでのファシリテーションについて、どこに問題があるでしょうか？　幾つか洗い出すことができると思いますので、少し考えてみましょう。

1つ目の問題点は、そもそも、この会議が何故催されているのか、つまり**会議の「目的」が共有されていない**ということです。ファシくん自身は、この会議の主催者であるので、何故会社としてブランド戦略に取組まなければいけないか、この会議体に何を期待されているかということは把握しているはずです。しかし、会議メンバーである3人に対して、それが全く「共有」されていません。これが最もダメなパターンです。会議の目的の共有が為されていないと、この後の議論が正常に進むことはあり得ません。

　2つ目は、参加者の発言によって論点がズレたにも関わらず、ファシリテーターがそれをコントロールせず、**成り行きに任せた進行になっている**ところです。つまり、ズレを正せていないということです。
　多くの方とプロジェクトや研修を行う中で、「ファシリテーションが上手くいかない」「準備はしているはずなのに、何故かいつも破綻してしまう・・・」というお悩みをよく伺います。色々とお話を聞いていると、最も多い原因の1つが、この「ズレを直せない」というものです。これができない方が何故か多いのです。詳しくは後ほど解説を致します。

　3つ目は、この会議のゴール、つまり**何をアウトプットするかが明確に示されていない**ということです。ブランド戦略といっても、この会議体において、どこまでの内容を決めるのか、本日の会議でどこまで決めるのか、などが明確になっていないと、議論の段取り自体が組めません。出たとこ勝負のファシリテーションにならざるを得ません。
　これでは、ファシリテーターが何も役割を果たしていないに等しい訳です。ゴールを明確にした上で、そこまでの道筋がないと、決して上手くいきません。

　4つ目は、Cさんから言われたことに簡単に同調し、ファシリテーター

であるにも関わらず、このテーマについて「人ごと感」を出してしまったということです。本来的に、ファシリテーターはそのテーマについて最もコミットしている存在でなければいけません。

にも関わらず、「会社から言われているからやっている」「私も正直ちょっとわからない」などという言い訳を述べてしまうのは、責任放棄に他なりません。このようなファシリテーターに付いていきたいと思えますか？

この何気ない会議の1コマは、極端なものをわざと作った訳ではありません。このようなやり取りは、実際に現場で頻発しています。皆さまはいかがお感じになりましたでしょうか。

ダメな会議の始まり方

先程のケースを踏まえ、よくある「ダメな会議」が始まっていくパターンを纏めてみましょう。

●会議自体の目的が共有できていない

これは先程ご説明した通り、最もダメなケースです。皆さんは会議が始まる前に、「この会議の目的とは、○○です」、というように、最初にきちんと確認する習慣が作れていますか？ ファシリテーターや、**会議のホスト側**は、**会議の目的に対するメンバーの理解度をどうしても過大に評価し**がちです。「そんなことは、メンバーとしてわかっていて当然だ」とするのでなく、少し目線を下げて、慎重に目的の確認から入るようにして下さい。

●会議のアウトプット（成果物）が決まっていない

会議の目的が共有されたとしても、この会議において、具体的に何をア

ウトプットするのかについて、明確になっていないまま進んでしまうこともよくあります。

　注意点としては、「目的」と「アウトプット」は異なるということです。目的のもとに、具体的なアウトプットがある訳です。目的と同じく、会議が始まる時には「今日の会議のアウトプットは○○です」とメンバーに対して確認してください。

　※「ゴール」という言葉遣いでも OK です。本書で「アウトプット」と表現している理由は、「目的」と混同する人が多く、それぞれの違いを明確にするためです。

　会議においては、目的、お題、アウトプットの3点セットを冒頭で必ず共有して下さい。

- ○○のために・・・　　　　　（目的）
- △△について議論する　　　　（お題）
- 議論の成果物としては□□　　（アウトプット）

「お題」はあるのですが、その前後が曖昧になっていることがあります。もちろん、最初からお題にそれらが含まれている場合は問題ありません。

　以上の「目的の共有ができていない」「アウトプットの確認ができていない」という2つの問題については、これ以上は言いません。単に会議の冒頭で確認をすればいいだけだからです。

　難しいのは、今から述べる3つ目です。

● **議論の構成を意識できていない**

　つまりは、アウトプットに向かっていくための「議論の構成」がイメージできていないということです。これがなく、出たとこ勝負のファシリテーションを進めてしまうと、余程の腕前がない限り上手くいきません。もしくは、上手くいったと勘違いしているだけかもしれません。これなしに議論に突っ込むのは暴挙です。

　構成がない議論がもたらすものといえば、いつまで経っても合意形成に至らない、堂々巡りの悲惨な時間です。思い付きで始めるアイデア発散、本筋と関係のない分析作業、誰かから発せられるそもそも論、そして疲労感の中で振り出しに戻る・・・こんなことを繰り返していては、生産性向上も働き方改革もへったくれもありません。

　これがファシリテーションを上手く進めるための、最初のポイントになります。

　世に出ているファシリテーションに関する色々な教科書を見ると、「議論の構成とは、発散と収束の繰り返しに他ならない」「事前にアジェンダを作ってメンバーに展開しましょう」など、基本的な概念論や、その必要性に関する指摘などは当然ながら為されているのですが、現実問題として、それだけでは具体的なアジェンダに落ちません。そこまでわかったとしても「議論の設計が大事なことはわかるけど、設計って大変だし、難しい」という悩みが次に出てきます。

　ここで、議論の構成を考えるためのツールをご紹介します。私自身、実際にコンサルティングの現場で活用している方法でもあります。

議論の設計モジュール「5つのS」

　議論のタイプは、大きく5つに分類されます。これらを「議論モジュール」と呼んでいます。モジュールとは部品、つまりこれらは議論を構成するために必要な「部品」であるということです。

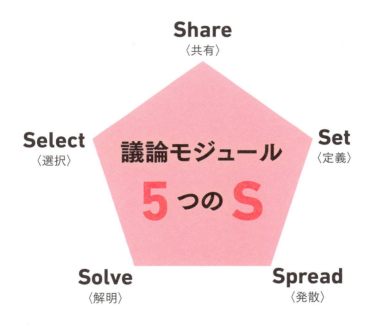

　私自身、コンサルティングの仕事で、数多くのお客様と様々なテーマで議論を繰り返してきました。それらを棚卸しし、代表的なタイプに纏めたものです。議論の骨格を作るために、先ずはこれを押さえて下さい。細かい例外はあったとしても、あくまでも確たる本線があっての話です。

1. Share「共有」

「議論に必要な、重要な情報を共有する」という趣旨の議論です。

ファシリテーションと聞くと、何かをアウトプットさせることに主眼が置かれがちですが、そのために、先ずは「情報を共有する」というステップが必要な時もあります。

●「共有」の議論イメージ

- 「ブランド戦略」を議論することの、目的を共有する
- 販促プランを検討する参考材料として、他社事例を共有する
- 問題を解決するために、先ずは現場の実態を共有する
- 「品質向上会議」の前に、既に社が決めている「品質」の定義を共有する　など

●「共有」を入れる状況

- 各メンバーの、お題／テーマについての捉え方が不安な時
- メンバー間での情報量の違いがありそうな時
- 見ておいた方がはかどりそうな情報がある時　など

ファシリテーションのポイント

- 「事実」と「意見」を混同させないこと
    - 既にある「事実」と、誰かの「意見／主張」とは異なるものです。ここを混同すると議論が混乱してしまいます。発言としてそれが曖昧な場合は、それらを区別するよう、メンバーにきちんと指摘します

2. Set「定義」

「議論で用いる、言葉の定義を明らかにする」という趣旨の議論です。

特に「議題」の中に、解釈の幅が広い言葉が入っている場合、最初の段階でこの議論を入れなければ、各々が勝手な解釈のもと議論を進めてしまい、収拾がつかなくなります。

●「定義」の議論イメージ
- 顧客の成功を支援、というが、「成功」とは何を指している？
- 理念の浸透施策を考える前に、どこまで行って「浸透」したとする？
- 社員の健康UP施策を議論する前に、「社員」の対象範囲をどうする？

など

●「定義」を入れる状況
- お題の中に、曖昧な「名詞」「動詞」が含まれている時
- そのまま進めると、議論の対象範囲が拡がり過ぎてしまう時
- 議論の中で、抽象的な概念に関して、意見の対立が起こった時

など

ファシリテーションのポイント
- 「名詞」と「動詞」両方に気を付けること
    - 「名詞」の例：「品質」「イノベーション」「顧客」「社員」など
    - 「動詞」の例：「成功する」「浸透させる」「改善する」など
- とは言え、あまりに細目レベルの定義にこだわり過ぎないこと
    - 定義は、「これで議論を前に進めることができる」と、全員が判断できれば充分です。あまりに詳細な言葉遣いにこだわり過ぎても、前に進んでいきません

- 例えば「若手のモチベーションUP施策を考える」という議題があるとします。「モチベーションとは何か」について、ここでその定義にこだわり過ぎたとしても、アウトプットである「施策の導出」に大きな影響を与えそうになければ、意味はありません
- もし、どこまで定義すべきか迷った場合は、一旦先に進めてみます。議論がしにくくなった時に、そこに戻ってもう一度詳細定義する、という判断でいいでしょう

3. Spread「発散」

「あるテーマに関する意見やアイデアを多く出す」という趣旨の議論です。いわゆる「アイデアブレスト」と呼ばれているものが、このタイプであるとイメージして下さい。沢山のアイデアを出すことを目的とした議論が「発散」です。

●「発散」の議論イメージ
- 営業マンのスキルアップを目的とした施策を洗い出してみよう
- 自社技術の活用方法についてアイデアを出してみよう
- ある商品の「売り」となる新機能の候補案を洗い出そう　など

●「発散」を入れる状況
- 視点を拡げて、新しいアイデアを沢山集めたい時
- 導出した課題を解決するための施策を得たい時　など

ファシリテーションのポイント
- 各案を細かく評価しない／させないこと

▫ 発散の議論では、意見やアイデアを評価することを目的としていません。故に、誰かがアイデアを出す度に「それは違う」「いいアイデアだから採用！」というように、ファシリテーターもメンバーも、ここで個別に結論付けるような表現を述べないように
 ・アイデアではなく「切り口」を提示すること
   ▫ ファシリテーターは、メンバーと一緒になってアイデアを考えるのではなく、先ずはメンバーの発想を促す「切り口」を探すことに頭を使って下さい。ファシリテーターがアイデアを出すにしても、切り口を出した後です

4. Solve「解明」

「何かの事象が発生している要因を分析する」という趣旨の議論です。

　何故？ から始まる議論が解明の議論です。「発散」の一種とも言えますが、解き明かしたいテーマがあり、その要因を特定することが目的です。単に想定要因を多く出して終わり、ではありません。それらの中から「主たる要因」を特定して完了です。やることが1つ多いと覚えて下さい。

●「解明」の議論イメージ
 ・何故、あのサービスは販売好調なのか？ その要因を探ろう
 ・事業部によって成果にバラツキがある理由を特定しよう
 ・何故、顧客Aが自社商品を選んでくれないのか原因を考えてみよう
　など

●「解明」を入れる状況
 ・そのお題が設定された背景に、何らかの課題が存在している時
 ・アイデア発散の前に、課題を整理したい時　など

ファシリテーションのポイント
- 要因探索のための「切り口」を、抜け漏れなく出すこと
  - 解明の議論は「分析の切り口」が命です。ここに抜け漏れがあると、その先にある要因が見つけられなくなります。ここは細心の注意を払って下さい。メンバーと一緒になって分析する前に、先ずは切り口の提示に努めましょう
- 出てきた要因仮説を整理し、主たる要因を特定すること
  - 解明の議論は、要因仮説を沢山並べたら終わり、という訳ではありません。そこから「主たる要因」を解き明かすところまでが「解明」です。（出てきた要因仮説を整理し、主たる要因特定に至る方法については後述します）

5. Select 「選択」

「複数の選択肢から、最も適当なものを選ぶ」という趣旨の議論です。

　複数の選択肢から、最終的に幾つかに絞る場面でよく出てくる議論です。必然的に「発散」の議論の後に、続いて出てくることが多くなります。選ぶための基準を顕在化することがキモとなります。

●「選択」の議論イメージ
- ２つのセールス戦略のうち、どちらを導入するか？
- 社員旅行の行き先は、箱根か金沢か湯河原か？
- 来期の広告は、代理店Ｄ社かＨ社どちらに任せるか？　など

●「選択」を入れる状況
- 「複数の選択肢」があり、どれかを選ばなければ次に進めない時
- 最後の意思決定段階の時　など

ファシリテーションのポイント
・選択のための「基準」を決めること
  ◦ 複数の選択肢から、然るべき案を選択するための「基準」を、合意形成の前に決めておくことが重要です。通常は、**会議の「目的」に照らし合わせ、選択のための基準を定めます**

議論モジュール「5つのS」の使い方

何故「モジュール」と呼んでいるか

　以上、5つの議論モジュールについて説明致しました。皆さまには、これらの「5つのS」を意識し、目的に照らし合わせ議論の構成をデザインする習慣を是非とも付けて頂きたいと思います。
　1つ、簡単な例でシミュレーションしてみます。以下のようなお題があった場合、皆さまであれば、どのように議論の構成をデザインするでしょうか。

（お題）「会社で掲げている理念を、このメンバーに浸透させるためにはどうすればよいか？」

　もし議論モジュールを全く意識せず議論を始めてしまうと、多くのケースで、「とりあえずアイデアを考えてみるか・・」という「発散」から入ってしまうのではないでしょうか。
　「発散」から入るのは決して間違いではありませんが、それは後の構成を

しっかり設計できているということが前提です。(それがないと、議論がそもそも論に立ち戻ります)

　議論モジュールが頭に入っていると、議論を始める前に、きっとこういう思考が働きます。

・「議論のモジュール、共有共有・・・そういえば、企業理念浸透の目的って、社長が話していたな。それを予め（あらかじ）メンバーに伝えた方がいいな」

・「他にも『定義』ってあったな・・・このお題の中に、解釈の幅が広がりそうな、曖昧なものはないかな？・・・そう言えば『浸透させる』というのは、かなり人によって到達点の解釈の幅が広そう。先ず（ま）は『どうなったら浸透したと言えるか』ということについて定義した方がよさそうね」

・「解明解明・・・。そもそもこの活動って昔から会社で展開しているよな。でも何故ずっと理念が浸透しないんだろう？　先ずはその問題の解明から始めないと、結局アイデアを出しても、元の木阿弥になってしまうかも。よし、その問題の解明から始めよう」

・「アイデアは沢山（たくさん）出てきそうだけど、最後はどうやって決めよう。まさにここは『選択』の局面、そして選択と言えば『基準』だよね。たたき台として、皆が気にしていそうな『負担感』『楽しさ』あたりを候補として出してみるか・・・」

　まさに、こういう思考を働かせる必要があります。基本は、議論が始まる前にイメージしておくのですが、議論を進める途中で、状況に合わせて

第2章　（ファシリテーションの技法）①議論の構成をデザインできる　　057

構成を変える判断もあり得ます。ですので、議論の中で常に意識をしておいて下さい。

　先程のケースならば、例えばこのようなモジュールの組み方もあるでしょう。合計3時間程度の議論の時間が確保できる、という前提です。

「会社で掲げている理念を、このメンバーにもっと浸透させるためには、どうすればよいか？」

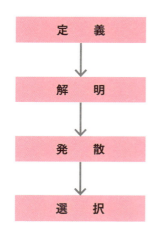

- ✓ そもそも、目標となる「理念が浸透している状態」について定義する
- ✓ 今まで理念の浸透を阻んでいた要因について洗い出し、一番重要な課題を特定する
- ✓ 「重要な課題」を解決できる、浸透施策のアイデアを検討する
- ✓ 施策選択のための基準を「実現性とコスト」と決め、それをもとにアイデアを選択する

　これは、1回の会議の進め方を決めるためだけにあるのではありません。先ず議論の目的に照らし合わせ、モジュールをしっかりと組み、それを**複数回の会議に分解して順にこなしていく**という使い方もあります。

　また、同じモジュールを複数回使うこともOKです。アイデアを発散した後、そこからその時に行う議論の範囲を「定義」し、その範囲について更にアイデアを「発散」するという使い方もあるでしょう。

モジュールの組み方サンプル

　実際に、皆さんが現場で議論の構成を考えるために、よくあるモジュールの組み合わせをサンプルとしてご紹介します。

サンプル「あるテーマに基づいた、『施策』を検討する」

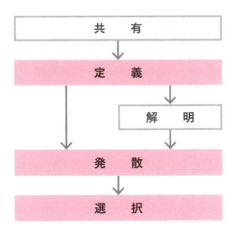

　先ずは、会議の目的やアウトプットの「共有」から入り、お題に曖昧な言葉があれば「定義」を入れてスタートします。このお題の背景に合った課題の「解明」を行い、このお題の重要な論点を特定、そこを起点に解決法を「発散」し、最後にそれらから「選択」するという組み方です。
　これは何らかの施策を検討する議論において、かなり標準的な組み方です。もしモジュールの組み方がわからなければ、一旦これをベースにしながら必要なものを付け加えたり、また特に必要にならないものを割愛したりする、という使い方がわかりやすいでしょう。

ちなみに、定義、解明、発散は、それぞれが密接に関連します。逆に関連させなければ、それぞれを議論する意味はありませんし、合意形成には向かっていきません。ここでは、この3つのモジュールの「繋げ方」について解説します。

「定義」→「解明」の流れ

「定義」が具体的にできていると、それ自体が、次の議論である「解明」を進めるための、最初の問いとして使えるケースがあります。
　例えば、前述のケースを使うと、「浸透する」の定義を、「きちんとその内容に共感できている」とします。
　もし、それが充分にできていないとするならば、その要因を突き止めるための「解明」の議論が次に続いていくことになります。

［解明の議論］
・**何故「内容に共感できていない」のだろうか？**

　解明の議論に進んだ後、要因を洗い出すために、更に、解明のための「切り口」を提示し議論することもあります。（切り口例：内容の問題／伝え方の問題／解釈の問題 など）

「解明」→「発散」という流れ

「解明」の議論を通じて、問題の主たる要因が特定されると、それを次の議論である「発散」の切り口として使う、という流れです。
　例えば、前述のケースを使うと、理念が浸透していない主要因として
　・「解釈の仕方がわからない」
　・「思い出すきっかけがない」
　・「会社の本気度が見えない」

というものがあるならば、それぞれが発散の「切り口」となって、解決するためのアイデアを個別に考えていく、ということになります。

［発散の議論］
・わかりやすく解釈させるための施策とは？（切り口①）
・思い出すきっかけを与える施策とは？（切り口②）
・会社の本気度を示すための施策とは？（切り口③）　など

　発散の議論に進んだ後、各要因を切り口にするだけでなく、それぞれについて、更に発散のための「切り口」をタテヨコで組み合わせ、議論することもあります。（切り口例：ツール／教育／仕組み　など）

「定義」→「発散」という流れ（アジェンダに「解明」を入れない場合）
　アジェンダに「解明」が入らない場合、「定義」から「発散」に繋がる流れもあります。同じように、具体的な「定義」が、次の議論である「発散」の切り口として使えるケースがあります。例えば、前述のケースを使うと、「浸透する」の定義を、
・きちんとその内容に共感できている
・理念に基づく具体的な行動を起こしている
　とすると、次に続く発散の議論においてそれら2つの定義が、発散の「切り口」となり、そのために必要な施策のアイデアを考えていく、ということになります。

［発散の議論］
・内容に共感させるための施策とは？（切り口①）
・理念に基づいた行動をせるための施策とは？（切り口②）　など

また、先程と同じように、「定義」を切り口にするだけでなく、それぞれについて、更に発散のための「切り口」をタテヨコで組み合わせ、議論することもあります。

　サンプル② あるテーマに基づいた施策を検討する

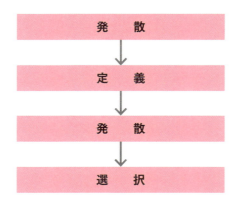

　サンプル①のように説明をすると、毎回がっちり『定義』から入らなければいけないというような印象を持たれる方もいるかもしれませんが、やり方はそれだけではありません。
　先ずはゆるく「発散」から入り、出てきた様々なアイデアをグルーピングの上、それを括るキーワードを見つけ、そこを基点に再度「発散」する・・・という、サンプル②のような進め方もあります。
　但し、「発散」から入る際に気を付けることは、その発散で出てきた要素を、どのように整理し、次にどの議論に繋げるか、という算段を立てるということです。とりあえず発散から入ることは楽ですが、それができていないと議論がそこで立ち往生するか、そもそも論に戻されるという状況に陥ります。

間違えやすいモジュール

　以上、各モジュールについて詳しく説明しました。研修では、この部分の演習を行って頂きますが、たまに混同して使ってしまうものがあります。ここで、混同しやすい組み合わせについて、それぞれの違いを念のために整理しておきます。

「発散」と「解明」の違い
- 「発散」　沢山(たくさん)のアイデアを出すための議論。出し切ればOK
- 「解明」　要因として考えられるものを導出するための議論。要因として出したものの中から、主たる要因を特定して終了

「発散」と「共有」の違い
- 「発散」　何か、頭の中で新たなアイデアを考える作業が生じる時
- 「共有」　既に存在する事実、決められたことを単に共有する時

「定義」と「共有」の違い
- 「定義」　まだ言葉の意味合いが曖昧で、議論内で決める必要がある時
- 「共有」　既に、定義が決まっている場合は、単に「共有」すればOK

　議論のテーマや状況は千差万別。どんなケースにも使える議論プロセスの汎用的な「型」はありません。前述の切り口を参考に、基本的な議論の流れをベースにしながら、必要なモジュールを抜き差ししてみるところから始めて下さい。

議論の構成が機能するか否かをチェックする

「5つのS」を使って、議論の構成をデザインした後は、それが本当に機能するか否かを、自分で確認してみることが必要です。そのためのチェックの方法は3つです。

各モジュールで、具体的に何をする／出すのか？
- 当たり前に聞こえるかもしれませんが、ここがイメージできていないと、アジェンダを組んでも機能しません
- 例えば、「とりあえず現状の『共有』をしよう」と言っても、具体的に何の現状を共有するのか明確になっているか？ ということです

各モジュールで、出てきた要素をどう繋げるか？
- 前の議論で出てきた要素を、後の議論でどのように繋げていくか、という想定です
- 前述の通り、定義→解明や、解明→発散などの繋がりもありますし、定義したものが、後半に来る「選択」の基準になる時もあります

各モジュールで、どの程度時間がかかりそうか？
- 特に、解明や発散の議論は当初の想定よりも時間がオーバーしてしまうケースが多いことに注意して下さい
- それぞれの議論で、どれくらいの時間を使おうとしているのかを参加者に予め伝えてしまうのも得策でしょう。そうすると、各人緊張感を持って議論に臨めます

要するに、**何をやったらどういう結果になるか、という「想像力」が大事**だということです。与えられたテーマの字面だけを見て、深く考えず、

ぱぱっと必要そうな議論を並べてアジェンダとしてしまう人は実際多いのですが、上手くいく可能性は低いでしょう。

　前述のチェックポイントを踏まえ、それぞれの議論で何をする／出すのか、それが後にどう繋がるのかなどを、少しの時間でもいいので想像することが必要です。

　余談ですが、仕事で最も必要な「基本的な能力」とは、まさにこの「想像力」ではないでしょうか。状況や課題を表面的にしか捉えず、迂闊(うかつ)に行動してしまう人にリーダーの仕事は務まりません。リーダーが会議を仕切る場面は沢山(たくさん)あります。この会議はどういう展開になるか、ということを少しでも考える癖を付けることが、その基本的な素地の向上に繋がっていくと捉えてみるのはいかがでしょうか。

　閑話休題。もちろん、当初考えていた議論の流れにならないこともあります。議論は生きものですので、ファシリテーターとして、議論の流れの修正が必要だと判断すればそうすべきでしょう。

　しかし、ベースがあっての応用です。計画通りに行かなかった理由を、後で自身で振り返らなければ、ファシリテーションは上達しません。その「学びのサイクル」を回すためにも、最初に議論のモジュールを組むことが必要です。

　実は、5つのSを組み合わせた議論の後に、しばしば入る、ある議論のタイプがあり、こちらも追記しておきます。それは＜Plan＞計画です。入るとしても一番最後なので、議論のモジュールとして組み込むことはやめました。できるだけシンプルに考えて頂きたいという理由です。

Plan「計画」

「ある決定事項について、推進するための計画を決める」という趣旨の議論です。

　ある議論において何らかの決定事項があった際、その後の着実な実行に進めるために、やるべきことのリストアップや、実行計画、役割分担などを決めるものです。

例えばこんな議論
- 決定した戦略の実行施策を、小タスクに分解して担当者を決定する
- ビジョンに基づいた各種実行アイデアについて、実行順序を決める
- 絞り込んだ3つの施策についての、実行スケジュールを検討する　など

自分がファシリテーターでない時の活かし方

　当該内容は、ファシリテーターがアジェンダを作成する際に使うことを主目的としたものですが、適用範囲はそこだけではありません。

　日常では、自分がファシリテーターの役割を担う会議だけではなく、ぱっと上司が始める打ち合わせに参加したり、**部下として、上司が主導する商談に臨む場面もあるでしょう。そんな時にこそ、この技法を思い出し、活用してほしいのです。**

　もし「定義」ができていなければ、「この言葉って、先ずは定義した方がいいですかね？」とか、もし「発散」の議論で、切り口が充分に出ていなければ、「例えば、〇〇の切り口で考えてみるのはどうでしょうか？」というように、5つのSを使って、是非会議の円滑な進行をサポートして

あげて下さい。（留意点は、ぶしつけにやって、ファシリテーターからその役を奪うということにならないようにすることです）そうやって「協力的で、できる同僚」という印象を周りに与えて下さい。

　また、毎回丁寧なアジェンダを作らない、日常のチーム内コミュニケーションや、取引先との商談、ちょっとしたブレストなどでも、5つのモジュールを意識し「ここは解明を入れておこうか」とか「この言葉は定義しておかないと危険だな」と議論の流れの中で察知し、適宜入れ込んで下さい。

鍛錬の方法

　以上のように「5つのS」を使い、議論の構成をデザインすることを繰り返していくと、議論を構成する上での「勘所」をおよそ掴めるようになってきます。その習得スピードに多少の個人差はありますが、何度か行うことで、少なくとも他の人が設計した議論の構成について、客観的に評価できるようになり、構成の是非について、何らかの指摘をすることができるようには間違いなくなります。我々が主催する研修でも、様々なテーマに基づいた演習を何度か行います。そうするとすぐに勘所を掴んで頂けます。

　特に組織リーダーの方は、実際にご自身がファシリテーターの役割を担わなかったとしても、「部下が行う会議の進め方について指導する」スキルは、少なくとも身に付けておかなければいけません。「生産性向上」をテーマとして掲げるならば、組織リーダー必須のスキルでしょう。

> **TIPS**
「いつも途中で進め方自体をメンバーに曲げられてしまう・・・」方へ

　これはよく聞くお話ですが結構重要な問題で、進行役を無視した議論の進行を横行させると、ファシリテーターとして、ひいてはリーダーとしての信用を失ってしまうことになりかねません。ではどういう時に「曲げられた」となるのでしょうか。

　1つ目は、メンバーに何か言われたら、ぱっとそれに反応して進め方を簡単に変えてしまうケースです。進め方に自信があれば、簡単に折れず、当初想定していた進め方で押して下さい。そうしないと、いつまで経っても学びはありません。

　ただ、ここであからさまに対抗すると空気が悪くなるので、「まあ、問題があれば修正するので、これで一度進めてみましょうよ」くらいの感じで進めてみます。（途中で難しいと判断したら、すぐに修正変更することをお忘れなく）

　もう1つは、メンバーの指摘を受け、新しい論点が加わった時、パニックに陥ってその後の議論の構成を組み直せない、というケースです。そうすると、その後は「成り行き任せ」になってしまいます。

　例えば、若手社員を早く一人前にするための教育について議論をしていたとします。そこであるメンバーから「そもそも、一人前の『定義』って何だろうね？」という発言があったとしましょう。「確かにな・・・」と思えたら、ここで、新たに「定義」の議論をすることになります。

　ここがパニックポイントです。**当初想定していなかった論点が、流れの中に突然入ると、そこで立ち往生してしまう人が大変多いのです。**

　ここで一旦冷静になって下さい。新しい論点が、当初の流れにどのように組み込まれるかを、焦らずに考えてみて下さい。「5つのS」を意識できれば、そんなに難しいことではないはず。「議論をコントロールする」という意識を忘れず、進めて下さい。

第 **3** 章

（ファシリテーションの技法）
② アンテナを立て、問いを立てられる

議論の中で「4本のアンテナ」を立てる

「問い」とは、そもそも何か

　前セクションまでに、実際に議論を進める前の準備の仕方について紹介をしました。ここからいよいよ、実際の会議の中で使うスキル、ファシリテーションの真骨頂とも言える「問いの立て方」について解説をします。

「重要なことは、正しい答えを見つけることではない。正しい問いを探すことである」　　　　　　　（『ドラッカー名著集3　現代の経営 下』ダイヤモンド社 より）

　皆さんもご存知の、経営学者ピーター・ドラッカーの名言です。
「問い」というのは、知恵や情報を引き出すブリッジ。
「いい問い」を立てることは、リーダーの役割です。リーダーは、自分1人で答えを出すのではなく、メンバーをいかに活用するか、つまりメンバーに思考を促し、アイデアや意見を出させることの方がよほど重要です。もちろん、リーダー以外にも求められるスキルです。
　このセクションでは、議論の中で、的確な問いをどのように立てるかについて解説します。

　ここで1つおさらいをしましょう。正しい問いと、よくある間違った問いの比較です。
　冒頭でもお話ししましたが、メンバーの思考を促せる問いが、正しい問いです。単に自分の意見について「同調を促す」ためだけの問いは、間

違った問いです。

　ここでよく出てくる質問は「じゃあ、ファシリテーターは自分の意見を一切言ってはいけないの？」というものです。そんなことはありません。自分の意見をどのような位置付けで伝えるのか、またどんな状況にあるのかによります。以下、ファシリテーターが、自ら意見を言っていい場面を纏めました。

①出してもらいたい意見やアイデアの「イメージ」を持たせたい時
- 先ずはメンバーに、出してもらいたい意見やアイデアのイメージを持ってもらうために、ファシリテーターが参考例として最初にそれを示すことはあります
- その際、「これはあくまでも例だ」ということを伝えて下さい。ファシリテーターが組織のリーダーである場合、特に気を付けて下さい。例ということが伝わらないと、皆リーダーに気を遣って、意見やアイデアを出さなくなる可能性があります

②議論の参加メンバーが2人、3人と非常に少ない時
- 議論メンバーの数が少なく、自分もメンバーとして意見を言わなければ進んでいかないこともあります。そういう状況では、「これは、あくまでも参加者としての意見で・・」と述べて下さい
- 話す順序についても、一通りメンバーから意見を出させた後、補足するのがいいでしょう。これも先程のケース同様、組織のリーダーが最初に意見を言ってしまうと、メンバーがやりにくくなることがあります

「4本のアンテナ」について

　話を戻します。ファシリテーターは、「問い」を常に立てようとする意識を持つことこそが、最も重要なことです。いい「問い」を立てられるかどうかによって議論の成否は決まります。

　しかし、その重要性はわかるけど、どうやって問いを立てればよいかわからない・・というお悩みを持つ方も多いかと思います。だからといって、問いの文例を全て覚えようとしても不可能です。状況やテーマ、発言内容の組み合わせは無限にあります。
　だから方法がない、ということではなく、**問いの手前にある「意識の持ち方」を覚えることが、的確な問いを立てることのコツ**なのです。
　問いが自然に出てくる意識の持ち方、これを私は「4本のアンテナ」と読んでいます。これらを常に意識して議論に臨めば、自然に的確な問いは出てきます。

「4本のアンテナ」

〈1本目〉
ズレてない?

〈2本目〉
理解できる?

〈3本目〉
どう拡げる?

〈4本目〉
どこを深掘る?

上の２本のアンテナ①ズレてない？　②理解できる？　については、議論を正しく進めるために必要となる意識の持ち方です。
　つまり、「あ、今議論が違うところにズレたな」とか「今の意見、よくわからないな」ということをきちんと感じ取るということです。先ずこの察知ができないと、議論を正しく進めることができません。当たり前のようですが、意外にこれらができていないケースをよく見ます。
　メンバーから発せられる、よくわからない意見に翻弄され、議論がコントロール不能な状況になると終わりです。そうならないよう、しっかりその場をコントロールし、ズレたら正す。理解できなければ確認する。基本的なスキルと言えますが、先ずはこれらをしっかりできるようになる必要があります。

　下の２本のアンテナ③どう拡げる？　④どこを深掘る？　については、議論を活性化するために必要となる意識の持ち方です。
　議論が盛り上がったからといって、自然発生的に出てきた意見やアイデアの中から、結論を導こうとするのは早計です。それで重要な情報に行き当たるかどうかと言えば、そんなことはないでしょう。重要な情報は、メンバーが気付かなかった別の切り口に隠れていたり、更に意見を深堀りしたところに隠れています。
　まだメンバーには見えていない、別のアイデアの切り口や、意見の更に奥にあるものの存在を想定し、問いを立てるべきでしょう。メンバーが気付いていない「発想の視点」を提示することは、ファシリテーターの重要な役割です。

アンテナ❶ ズレてない？

　これは、「この発言は、自分が立てた『問い』から離れた？」と察知する意識です。
　いつの間にか、メンバーからのある意見に触発され、元々の問いとはズレたところで議論が進んでしまうことがあります。それを放っておくと、議論の主導権がファシリテーターから離れ、いわばカオスの状態に陥ってしまいます。こうなるとアウトです。
　前述しましたが、「ファシリテーションが上手くいかない・・・」というお悩みをよく伺いますが、その要因として最も多いのが、「**議論のズレを正せない**」ということです。

　何故正せないのかというと、幾つか理由があります。1つは、そもそも議論の構成をファシリテーターが意識していないということ。これは論外です。あるべき道筋が見えていないと、元に戻すも何もありません。
　それ以外にある最大の理由とは、「あ、今議論がズレた・・」と気付いても、メンバーに対し気を遣って指摘しにくいということ。特に、先輩や上長、お客様を相手にしたディスカッションであれば尚のこと。「正す」という行為には、ほんの少しだけストレスがかかるものです。だからと言って、ズレを放置しておくと、正しい議論が為されず合意形成には至りません。それを避けては通れないのです。

　ここで、代表的な「ズレ」をパターン化して説明します。

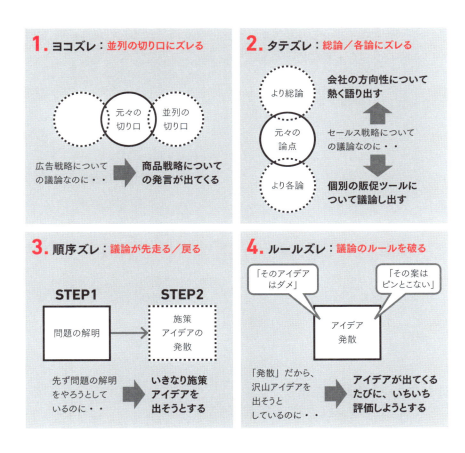

①ヨコズレ：並列の切り口にズレる

　これは、元々話していたものと、「並列の関係」にある切り口に、いつの間にかズレて話が進んでしまう状況を指します。例えばこの図のように、今まで「広告」施策について議論しているつもりだったのが、あるメンバーから出された「商品」戦略アイデアの発言をきっかけに、なし崩し的にその切り口の議論に移動してしまうという状況です。

　もし、元々の論点で充分に議論ができていたり、ファシリテーターとして、後で元々の論点に戻るつもりで、一旦わざとそのままにする、という

場合はOKなのですが、もしそういう意図なく流されるだけであれば、1つ1つの議論が非常に浅くなってしまいます。

②タテズレ：総論／各論にズレる

　これは、元々話していた論点から、総論もしくは各論にズレて話が進んでしまう状況を指します。例えば前頁の図のように、元々「セールス戦略」について議論していたはずなのに、例えば誰かが、「そもそも戦略を考える前に、会社のビジョンから見直そう」と言って、更に総論の位置付けにあるビジョンについて語り始めたり、戦略を話しているつもりが、非常にマイクロな「ツール」の話で盛り上がってしまう、つまり各論にズレてしまうような状況がタテズレです。

　悪気なくズレてしまうこともありますが、タチの悪いのは、縦ズレ（特に総論ズレ）をわざと起こし、その議論を意図的に潰してしまう人がいるということです。気を付けましょう。

③順序ズレ：議論が先走る／戻る

　これは、順序立てて議論を進めている中で、その先にある議論に先走ってしまったり、突然後戻りしたりする状況を指します。現場で最もよくある状況かもしれません。

　例えば、最初に、問題の「解明」を行って、その次に、解明した問題の解決アイデアを「発散」しようとする段取りで進めていたとしても、問題点を明らかにする「解明」の段階で、メンバーから「いい施策アイデアを考えたんですけど！」という発言があれば、それはアイデアの「発散」なので順序ズレです。これを放置すると、せっかく決めた構成がバラバラになります。大まかでもいいので、議論の流れを前に書き出しておいてもいいでしょう。

④ルールズレ：議論のルールを破る

　これは、今行っている議論のタイプを理解せず、それに伴う「発言のルール」を気付かずに、意見を述べてしまうという状況です。議論に慣れていないメンバーが混ざると陥りやすい状況です。

　例えば、ファシリテーターから、事実の「共有」を行っている時に、その事実についての個人的な見解を展開し始める人がいたり、アイデアの「発散」の時に、1つ1つのアイデアにケチをつけたり、施策を「選択」する時に、今までの議論で出てきていない、思い付きのような基準で評価しようとしたりする、などが「ルールズレ」です。悪意がある訳ではなく、ただ知らないだけかもしれませんので、ソフトに指摘してあげて下さい。

　以上、現場でよく出くわす「4つのズレ」について説明しました。ファシリテーターは、議論の中でこのような「ズレの発生」を、敏感にキャッチすることが必要です。そしてズレたらしっかりと正しましょう。ただ単に「成り行きに流されること」が、ファシリテーターとして一番やってはいけないことです。

どのように「ズレ」を正すか

　ズレてない？　というアンテナを立て、論点のズレを察知したとします。さてこの後、どのようにそのズレを正せばよいのでしょうか。そのための問いの立て方自体はシンプルです。

●方法1：直接正す

　これは文字通り、論点がズレたということを、発言者を含めたメンバーに知らせ、元の論点に軌道修正を図る方法です。これが普通にできるよう

になれば「パワーファシリテーター」に一歩前進です。

これを行う時のポイントは、**今どこからどこへ論点がズレたのか、ということをきちんとメンバーに説明する**、ということです。発言者やメンバーにとっては、ズレていることすらわからないでいることが多い、といいますか、ほとんどわかっていません。そうしてあげないと、「よくわからないけど否定された‥」という印象を残してしまう恐れもあります。

また、正す時につっけんどんな印象を与えないよう、言い方に気を付けて下さい。折角ファシリテーターとして頑張っているのに、ここで変に反感を買ったらもったいないですよね。

以上を踏まえ、ソフトに直接正すイメージを例示してみます。

ヨコズレの時

「その意見は、別の切り口に関するものですかね。それも重要なので、一旦今の論点で議論し終わってから、じっくり話しましょうか」

タテズレの時

「今の意見は、レベル的にやや総論にあたりますね。先ずは今の論点を議論することにして、必要に応じてその話をすることにしませんか？」

順序ズレの時

「なるほど、これはこの次に予定している論点ですね。まあ慌てず、先ずはこの論点を終えてから、その後じっくり議論しましょう」

ルールズレの時

「（事実の共有の時間で、個人的見解を述べた時）今は『事実』と『意見』が混ざらないようにしませんか。先ずは『事実』のみを共有してみましょう」

ファシリテーターの主たる役割とは、アウトプットを出すために、議論を正しく導くことですが、メンバーの議論スキルを高めるという副次的な役割も担います。
　「ズレを正す」ことや、後述する「切り口を出す」「深掘りする」などの基本作法を、ファシリテーターがしっかり示していかないと、メンバーの議論のレベルが一向に高まっていかず、結果として、ファシリテーターの苦労がずっと続いていきます。
　議論を重ねる度に、メンバーの議論スキルが上がっていけば、組織の生産性はどんどん高まります。特にリーダーは、是非このような高い目線を持って、ファシリテーションを会得し、実践して下さい。

●方法2：間接的に、メンバーに確認する

　もう1つの方法が、メンバー自身に論点を確認させるということです。相手の立場や、相手と自分との関係性によって、直接ズレを正すことが、気持ち的に難しい状況はあります。
　例えば、自分の上司や、お客様がズレた発言をした時には、言い方に充分気を付けるにしても、それを「〇〇さん、今論点がここからここにズレましたよ」と直接正すのにはやや勇気がいりますよね。相手によってはちょっと凹んでしまうかもしれません。本当はそんなことで凹んでる場合じゃないんですけどね。
　そういう場合、ファシリテーターは直接本人に対して正さずに、**メンバー全員に確認させ、間接的に本人に対してズレを認識させる方法**があります。例えば、

「えっと皆さん、そもそも今の論点て、何でしたっけ？」
「さて皆さん、ここでもう一度論点を確認してみましょうか？」

という問いをメンバー全員に立て、ファシリテーターからではなく、メンバーに言わせます。

これは私自身も現場でよく使う技法です。是非覚えておいて下さい。

●方法3：一旦流して、もう一度戻る

これは、ひょっとすると最も活用頻度が高い方法かもしれません。実際に私自身が、コンサルティングの現場で、最もよく使うズレの正し方がこれです。ディスカッションの中で「あ、今ズレたな」とアンテナが反応したとしても、発言が続いているならば、**一区切り付くところまで発言させたところで、さっと元々の論点に戻す**という方法です。そのイメージを持ってもらうために、私のエピソードを。

お得意先様のプロジェクトをお手伝いする時、最初の段階で、その会社の社長にインタビューを行うことがよくあります。もちろん事前にアジェンダを作ってお渡しし、当日にも流れを説明するのですが、それにも関わらず、いきなり全然違う内容を話されることがあります。例えば、「御社の強みを教えて下さい」という質問に対して、「では、我が社の設立の経緯について君にお話ししよう」というズレ方です。

しかしここで、「社長違います。今御社の強みについて質問をしてるんですよ」と正してしまうと、相手はむっとするでしょう。こんな状況にこそ、この「方法3」です。一旦、社長が話したいことを気持ちよく話させ、一段落したところで、聞きたかったことに戻すのです。ファシリテーターが、今何の問いを立てているか、ということをしっかり認識していれば、我慢してから戻す、という方法はそれほど難しくありません。

ここでの1つのポイントは、**話を自然な形で繋げてあげる**ということです。ひとしきり聞いた後に、「さて、それでは御社の強みについて質問し

ます」とぶつ切りにして質問を再開すると、「本当に俺の話を聞いていたのかよ」という印象を与えてしまう可能性もゼロではありません。こういう時には、「繋ぎ」の言葉です。少し大げさに言うと、「社長、御社の設立経緯についてはわかりました。そのような経緯の中で、恐らく御社ならではの様々な強みが蓄積されてきたのではないかとお察しします。次に、そのような強みについて伺っても宜しいでしょうか」という繋げ方です。こうやって、もとに戻してください。この方法だとお互いにストレスがかかりません。ただ、社内メンバーにこれをやり過ぎる必要はありません。メンバーにとっての学びが得られないからです。

　以上のように、しっかりと「ズレてない？」というアンテナを立て、もし「今ズレた！！」とアンテナが反応した際には、前述の方法を上手く使い分け、議論を正しい方向に戻しましょう。これができないとファシリテーションは上手くいきません。実践的な方法ですので、是非覚えておいて下さい。

ズレているが、素晴らしい意見が出た時

　明らかに論点からズレてはいるが、その発言が、非常に重要な意見やアイデアに「聞こえた」としましょう。そういう場合、ファシリテーターはどうすればいいでしょうか。

　それはそれで、拾ってあげなければいけませんし、拾うべきでしょう。
　議論の流れとは関係なく、セレンディピティのように、素晴らしい意見やアイデアがふっと閃く場合はあります。皆さんも、そういう経験はお持ちだと思います。ズレを正すことの重要性について説明しましたが、あま

りに原理主義に陥ってはいけません。

　もし、前述の３つのズレのどれかに当てはまる発言であれば、一旦どこかに書き留めておいたりして、議論の流れの中で、必ず吸収してあげて下さい。

　最悪なのは、今の問いに関係ないからといって、メンバーの熱い発言をスルーしてしまうことです。議論に貢献しようと一生懸命考え、閃いたとしても、ファシリテーターに切り捨てられると、きっと「ないがしろにされた」「恥をかかされた」と思ってしまいます。どんなズレた発言であってもきちんと正していけば、その人にとっての学びになり、発言が徐々に整っていくはずです。

自分がファシリテーターでない時の活かし方

　ズレを正す役割は、リーダーやファシリテーターだけが担っているのではありません。自分がメンバーとして参加している会議で、他のメンバーがズレたことを言ったことに気付いた時は、ファシリテーターを助ける意味で、すかさず（ソフトに）ズレを指摘してあげて下さい。

　こういうフォローをメンバーがしてくれた時に、リーダーやファシリテーターはどのように感じるでしょうか？　自分が逆の立場だったとして想像してみて下さい。

　もう死ぬほど嬉しいはずです。そして「**俺の味方で、使えるヤツだ**」**という評価が、少なからず得られる**と私は思います。是非、ファシリテーションの技法を活用し、普段の会議の中で上長や同僚から「評価を得られるチャンス」をモノにして下さい。

アンテナ❷ 意味わかる？

　次にご紹介するのは、「この発言は意味がわからない」と素直に感じる意識の持ち方です。

　ビジネスの場面だから、フォーマルな雰囲気だから、相手は必ず論理的に正しい発言をしてくれるだろう、と思うのは大間違いです。私の肌感覚的には、そんな状況においても、**約3割くらいの発言が、意味不明か暴論**のどちらかです。むしろ、現実のコミュニケーションというのはそういうものだ、と捉えるぐらいが丁度いいということを言いたい訳です。

　意味不明な発言をそのままにして、次の議論を進めようとすると、場がその発言に影響を受け、議論がスタックしてしまう恐れがあります。故に、もし「その発言は、よく理解ができない」とアンテナが反応したら、それを理解するための問いを立てて下さい。ファシリテーションについてのお悩みを伺うと、「どうしても、声の大きい人の強引な意見に引っ張られる」「弁が立つ人間が発言し出すと、皆発言する気が失せて黙ってしまう」との声がよく聞こえてきます。こんなことをそのままにすると、知恵を結集した、質の高い合意形成など望むらくもありません。中立的にさばけるのはファシリテーターだけです。

「意味不明」な意見は、放置禁止

「この市場は成長性があるが、競争激化の可能性もある」
　→結局見解はどっち？？
「顧客の夢を叶えるために、現場イズムで革新を生み出せ」
　→何をすればいいの？

このような、わかったような、わからないような発言。結構現場で多いと感じませんか？　きちんとその意見の意図を確認しないと、発言した本人が「俺は重要なことを言った」と思っていたとしても、他のメンバーにとっては「ん？？」という認識ギャップが生まれ、結果、議論に反映できないばかりか、発言者にあらぬ不満を抱かせてしまう可能性もあります。
　それっぽくは聞こえるものの、冷静に考えると明らかにおかしい発言。発言者の立場や権威、「話し方」などに誤魔化されがちですが、そのままにすると、全員にとってよくありません。**「意味不明」だと感じたら、素直に質問する**ということです。

　でも、皆さん真面目でお優しいから、「何かよくわからないのは、自分だけじゃないか」「自分の理解力のなさが問題なのではないか」と思い、その人の長い演説が終わった後、絞り出すように「な、なるほどーっ！！」と相槌を打ってしまうのです。それはダメです。
　自分1人で受け止め過ぎる必要はありません。**聞いてよくわからない発言をする人にこそ、責任がある**と割り切りましょう。質問をしても無能に思われることはありません。
　自分が理解できていることとできていないことをしっかり区別し、もしわからないことがあればしっかりと確認できる。そういう人の方がよっぽど信頼が置けるし、尊敬されると思いませんか？　むしろ、わかったふりをする人こそ信用を失います。

「意味不明」な意見のパターン

　「聞いたところ、意味が不明」というもの全てが該当するので、網羅的にはできませんが、よくあるパターンをシミュレーションを通じて説明します。

「小学校における『有益な授業』の定義をする」という議論があったとしましょう。ここで出てきそうな発言をもとに、パターン化してみます。

①長過ぎる：話が長く、何を言いたいのわからない
「学校の方針がどれだけ明確化されているかにもよるが、・・(中略)・・という状況があるなら、・・(中略)・・ということも一部考慮した方がいいので、俎上に上げるべきだ」

②短過ぎる：説明が少なく、単語レベルで発する
「うーん・・・将来性？？」

③曖昧：抽象的な言い回しを多用してくる
「何となく、ガツンと印象を与えることができ、ぐっと経験値を積めるような授業！」

④答えになっていない：問いに対する答えになっていない
「えっと、先生自身の質をいかに高めるか、ということでしょうか？」

何となく、理解できるようで理解できない発言は頻発します。そういう時には、以下のような「問い」を立てて、意味を明らかにして下さい、

●問いかけ方1：素直に質問する
「どういうことか、わかりやすく教えて下さい」

●問いかけ方2：結論から確認する
「結論から言うと、どういうことですか？」

● **問いかけ方3：相手に纏(まと)めなおさせる（おすすめ）**

「つまり？」
「具体的に？」
「一言で言うと？」

　重要なこととして、出てきたよくわからない意見を自分1人で抱え込んで、無理に理解しようとするのではなく、一度（もしくは二度三度、）その人に「返して」下さい。特に3つ目の「相手に纏めなおさせる」という方法は、私も現場で多用している方法であり、お奨めです。「つまり？」「具体的に？」「一言で言うと？」という返し方です。そうすると、何となく自分がよくわからない発言をした、ということにうっすらと気付くので、次に改めて出てくる発言は、もう少し纏まった形で返ってきます。これを二往復もすれば、大体意図がわかる状態にはなります。

　聞き返す時は、あまり強過ぎる口調にならないように気を付けて下さい。それに気を付ければ、むしろ相手に対しては「熱心に聞いてくれている」というポジティブな印象を与えることもできます。是非活用下さい。

　もしそれでも、相手に「一言で言うと？」というような返し方をすると、反応が怖い・・・という場合は、もっと丁寧な「枕詞」を入れてみるのはいかがでしょう。例えば、「なるほど。とても興味深いので、きちんと理解させてもらっていいですか？ つまりどういうことでしょうか？」というふうな表現で。参考にして下さい。

「暴論」とは何か

「Aさんは体育会系だから、営業に向いているね」
　→単なるイメージ？
「給与が低くても、会社に貯金していると思えばいいよね」
　→その前提は一般論？

　難しいのが「暴論」が出てきた時のさばき方です。暴論は実際に現場で頻発し、正しい議論を壊してしまいます。そのような極端な意見を正せないと、まともな進行はできません。ファシリテーターとしては、先ずその発言が、どのような「暴論」のタイプであるかを把握し、そのことをメンバーに認識させることで、突破していかなければいけません。ここでも、よくある「暴論」のパターンを幾つかに分類しました。

①多数・権威依存

「この商品は力を入れた方がいい。皆がいいって言っているから」
「この政策は推し進めるべきでしょう。エコノミストの〇〇さんが提言しているから」

　これらは、多数論証・権威論証と呼ばれているものです。議論の材料としては使えるのですが、あくまでも補足情報でしかないのです。「何人かが言ったから正しい」「誰某が言ったから正しい」と言い切れる状況はないはずです。

②他可能性の排除

「Aさんが社長になってから業績が芳しくない。Aさんに責任があるよ」
「このサプリを飲み始めてから具合が悪くなった。このサプリのせいだ」

他の可能性があるにも関わらず、結果をわかりやすい1つの理由に起因させてしまっています。これは人間の思考の癖（ヒューリスティック）で、深く、難しく考えることを避け、何か自分が納得しやすい、理解しやすい理由を見つけて片付ようとする心理です。

③法則の無理転用
「競合が同じような取り組みに失敗したから、うちがやっても上手く行くはずがない」
「珈琲の入れ方を極めるのに30年かかるのだから、子育てを極めるにも長い年月がかかるよ」

それっぽく聞こえはしますが、その法則は、本当に今の状況にも転用できるのでしょうか。冷静に見れば、それぞれの状況は全く異なる訳で、その理屈を転用するには無理があることがわかります。ある法則を持ち出して、簡単に納得しよう、させようとしているのです。

④勝手な前提　★頻発します
「つらい仕事は、普通はやるべきではないよね。だから営業がつらければサボるべきだよ」
「一般的に、王道のブランドには、王道の戦略が必要ですよね。だからあえて、従来通りの戦略を提案したんですよ」

これだけ聞くと、何となくそれっぽく聞こえますが、よく聞いてみると、何かどこかに違和感を感じます。本当にこれで納得してしまっていいのでしょうか？
実はこれらの主張は、ある勝手な前提に基づいています。「つらい仕事は普通やるべきでない」というのは、その人の勝手な前提であり「普通」

でも何でもありません。
「一般的に、王道のブランドには、王道の戦略」とは、一体誰が決めたのでしょうか？ 単なる語呂に他なりません。実は私が大学院の非常勤講師をやっている時、生徒さんが実際にプレゼンで話された内容です。でも、非常に流暢に話すものだから、他の生徒さんも「なるほどー」と納得してしまったのです。私はすぐに指摘しましたけどね。

⑤前例主義
「この提案は先例がないから、今は採用する訳にはいかない」
「プランとしては面白いんだけど、まだ競合他社のどこもやっていないのでやめておこう」

　ビジネスの現場で、よく出てくる暴論です。これらは、④と違って言葉としては表に出てきていないのですが、言葉の裏側に、ある前提が隠れています。もうおわかりの通り「前例がないものは、案として価値がない」という前提です。

⑥選択肢の限定
（保険の営業を受けた後）「**本日は有り難うございました。 次の打合せは平日か休日かどちらがいいですか？**」
（部長との部員の会話）「**部長、ボクのように、努力をせず成績がいいのと、努力をして成果が上がらない人なら、どっちがいいんですか？**」

　これは、本来的には、別の選択肢もあるはずですが、発言者に有利な展開となるよう、発言者が恣意的に選択肢を限定してしまっている暴論です。1つ目の発言に、何が隠されているかといえば「次は会わない」という選択肢です。これは1つの営業手法なのですが、冷静にならなければ相手の

ペースに乗せられます。2つ目の発言には、何が隠されているのでしょうか。こちらは一度考えてみて下さい。

　以上、暴論にはよく出てくる6つのパターンがありますので、是非覚えておいて下さい。そうすると、議論の中で暴論が出てきた時に「ああ、これはこういうパターンだな」と気付くことができます。そして、できればきちんと正してあげて下さい。
　例えば、「一般的に王道のブランドには、王道の戦略が必要ですよね」という暴論に対しては、「王道だから王道の戦略というのは、一般論と言い切れますかね？　もう少し視野を広げてみませんか？」と返してみるのもいいでしょう。
　いずれにしても、発言者自身が暴論であることに気付いていないことも多いので、発言者、そしてメンバーにわかるようにきちんと説明することが必要です。

伝統的な日本の会議での、メンバーとしての振るまい方

　このTipsは、ファシリテーターの話ではありません。特に、トラディショナルな日本企業で、上役が参加するような会議における「参加者」としての、正しい発言の仕方についての一考察です。(ですので、関係ないと思われた方は飛ばして下さい)

　非常に抽象的な言い方ですが、会議において「議論の流れ」を読めないと、議論を壊すだけでなく、残念ながら「ダメな人」という烙印を押されてしまう恐れがあります。

　日本語は、言語化されない情報が非常に多く、ノンバーバルなものも含めて察知する力が必要です。そこからでないと、色々な意味で次に進めません。

　そういう意識を持って「場」から何を求められているのか読めないと、今何を言わなければいけないか（または言ってはいけないか）は当然わかりません。

　参考までに、「場の流れ」を読めずに、アウトになってしまうパターンと、その例を纏めてみました。(お気付きの通り、私はこのような「概念のパターン化」が大好きなのです)

① 「その立場で言ったらダメなこと」を読めない
- 事業の報告会議で、営業部長が「いやー実は売れないと思ったんですよねー」などと発言してしまう
  →役職に付随する責任を忘れて発言してしまっている

② 「配慮すべきこと」を読めない
- ある業務の改善提案をする際に、過去の担当者の前で、問題点を列挙する発言をしてしまう

→暗に前任者の否定となる。当時の意思決定を今の状況から非難してはダメ

③「相手の求めていること」を読めない
・商談に同席した研究部門の人間が、顧客のメリットと全く関係ない、研究の詳細について延々語ってしまう
　　→言いたいことと、求められていることが整理できていない

④「相手の理解度／納得度」を読めない
・自分の説明で、相手が理解を示していない／納得できていない様子を見せているにも関わらず、とにかく話を続行してしまう
　　→「予定通り話しきること」が目的化している

⑤「同じ意見の繰り返しであること」を読めない
・誰かが既に発言した内容であるが、自分もその意見を持っていたので、あたかも自分の意見かのように繰り返し話してしまう
　　→議論への貢献ではなく、主張したいだけ

　こういうことを書くと、「日本の会議はだからダメなんだ。自由に何でも言えないのは問題だ」と否定する人がいますが、それを言っても始まりません。だってこれが現実なのですから。
　ファシリテーターがいないような、日本のトラディショナルな企業における、フォーマルな会議での「発言」には要注意。「場の流れ」をきちんと読み、発言することを心がけましょう。

先ずはここからやろう

　とは言え、ファシリテーションを始めたばかりの頃は、いきなり意味不明な意見や、暴論を正すことが難しいという方もいるかも知れません。「何か違うな」「何かよくわからないな」とアンテナが反応しても、どのように返していいかわからない場合は、とにかく他のメンバーに振ってみるという方法もあります。
「皆さん、今の意見わかりましたか？」とか
「皆さんどう思いましたか？ 納得感はありましたか？」というような振り方です。これは結構便利な方法なので、是非覚えておいて下さい。

自分がファシリテーターでない時の活かし方

　あなたがメンバーとして参加している会議で、もしあるメンバー発言の意味がわからなければ、ファシリテーターも、他のメンバーもきっとピンと来ていないはずです。これもアンテナ①で説明した内容と同じく、意味不明な意見の確認をファシリテーターだけに担わせるのではなく、自らメンバーへ質問する形で積極的に会議の運営に貢献してあげてください。
　特に、同僚に「声の大きい人（強引な主張を繰り出す人）」がいる場合、理路整然とそういう人を押さえ込むことができれば、自分のビジネスパーソンとしての優秀さをアピールすることができるチャンスだとも言えます。

さて、ここからは、アンテナ編の後半戦です。

重要な情報は、馬なりに議論をする中で出てくるものではありません。議論の参加者が気付いていない「別の切り口」に隠れていたり、出てきた意見を更に深掘りした所に隠れていたりすることも多くあります。

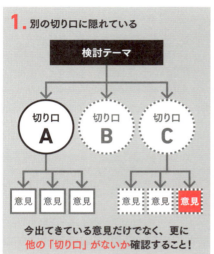

もし、馬なりで出てきた意見だけで議論を完結していいなら、ファシリテーターは必要ありません。単なる議事録係で充分です。ここからは、「問い」によって切り口をどう拡げるか、どこを深掘るかということについて解説します。

# どう拡げる？

　これは、「相手の発言を促す切り口は、他にないか？」という、議論を更に活性化させるための意識です。ここでも、あるケースを使って解説をしていきます。
「自社のライバル社である競合X社」のマーケティング戦略が何故上手くいっているか？ について分析しなければいけないという状況です。つまり、タイプとしては「解明」の議論です。

（ケース）「何故、競合X社のマーケティング戦略は上手くいっているか？」

ファシ	「皆さん、先日社長から『どうして競合X社はあんなに業績がいいんだ？ お前はX社のマーケティング戦略についてどう思うんだ？』と詰められちゃいました」
Aさん	「社長は相変わらずですね。X社に対するライバル心が強い」
ファシ	「ということで、社長からの宿題です。どう思いますか皆さん？ マーケティング戦略から考えるということになっています」
Bさん	「マーケティングね。まず、広告宣伝という切り口で思い出してみると、まああそこはTVCMが上手いよね。全体的に統一感があって、世界観を上手く出している」
Aさん	「私もそう思う。あと、TVCMとWebの連動のさせ方が絶妙」
ファシ	「なるほど。やはり広告宣伝の違いですか。ウチはどうですか？」
Cさん	「広告の担当者を替えなどうしようもないで。感性とセンスの問題やなーこれは」
Bさん	「担当者の問題はちょっと各論過ぎるかな。それは一旦さておき、確かに、広告宣伝力の違いが大きいかもしれないね」

ファシ　「皆さん、議論も盛り上がってるようですし、では結論的には広告宣伝力の違い、ということで纏めましょう」

　さて、こんな感じでゆるく議論が終わっていきそうですが、このようなファシリテーションで本当にいいでしょうか？　抜け漏れなく重要な情報を引き出すためには、どのような問いが効果的でしょうか？　ケースを見ながら、何が「問い」として足りないか、自分だったらどうするかについて考えてみましょう。

　では、本ケースを解説して参りましょう。
　先ずファシリテーターから、「今回の議論はあくまでもマーケティング戦略について考える」と共有が為されています。ここはOKでしょう。そしてBさんから、広告宣伝という、マーケティング戦略を考えるための「切り口」の提示が行われ、メンバーはその切り口に基づき、自発的に様々な意見を出し合いながら盛り上がりました。それでファシリテーターは「議論はし尽くした」と判断し、結論を纏めようとしたのです。

　ここで考えてみましょう。マーケティング戦略というのは、果たして広告宣伝だけなのでしょうか。マーケティングを考えるなら、それ以外にも、商品、販売チャネル、価格戦略なども、構成要素として見なければいけません。故に、ファシリテーターとしては、馬なりで出てきた意見を単に纏めようとするのではなく、「マーケティング戦略」というテーマの下にある、「広告宣伝」以外の切り口は何か、ということを考え、議論の中で提示しなければいけなかったのです。
　今の説明を図表に纏めました。

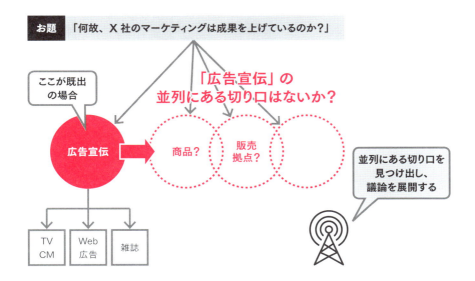

このように、ある「切り口」が出されたとしたら、その並列にある切り口の存在を疑わなければならないのです。そうしないと、重要な情報に辿り着けない恐れがあります。

ここで、もう1つのパターンを紹介します。

議論を進めるための「切り口」が最初に提示されないまま、とりあえず各論の意見やアイデアを出すところから始める場合です。これは最も多く見かけるパターンだと思います。（第1章でもお伝えしましたが、この進め方が間違っているという訳では決してありません。先ずはアイデアの発散から入り、そこから議論のポイントを絞り、進めていくというのも1つの方法です）

留意すべきは、各論の意見やアイデアから入った場合、それらの各論が「どのような切り口で整理できるか」ということを、やはりどこかで見つける必要があるということです。

ここで図表を見てみましょう。

| お題 | 「何故、X社のマーケティングは成果を上げているのか？」 |

その後は、「広告宣伝」の並列にある切り口を展開する

ここが最初にない場合

広告宣伝

??　??　??

これって広告宣伝の話?

出てきているアイデア
- ✓ あそこはTVCMが上手いよね
- ✓ Web広告も効果的に実施している
- ✓ 雑誌の特集記事も面白い

出てきた要素をもとに上位概念にあたる「切り口」を見つけること

　「発散」や「解明」の議論において、ファシリテーターを含め、もし誰も「切り口」を振り出すことがなければ、きっと各論の意見がバラバラ出てきます。ファシリテーターとしては、意見が幾つか出てきた時点で、それらを括る、上位概念としての「切り口」を見つけ、その並列にある切り口に議論を展開していかなければ、議論に抜け漏れが生じる恐れがあります。切り口が見えないまま幾らこの議論を続けたとしても、網羅感が出せず、ダラダラと時間だけが過ぎていくことになります。（また、このような議論の内容を纏め、上司に報告を提出したとしても、本当にこれだけで充分なのか？ という質問が出されてきっと却下になります）

　議論において、「切り口を拡げる」ということは、ファシリテーターの最も重要な役割と言っても過言ではないでしょう。聞くと簡単そうではあるのですが、できない人が驚くほど多いのが実情です。これを普段から意識してやるようにして下さい。

切り口は、どのタイミングで出すのか

●方法１：最初にファシリテーターが提示する

　文字通り、ファシリテーター自らが議論の切り口を提示するという方法です。本来的にはこれをやるべきでしょう。自分の意見やアイデアを押し付けている訳ではなく、あくまでも議論を促すための問いの１つであるので、切り口はファシリテーター主導で提示しても構いません。ここは遠慮せず「こういう切り口で考えてみましょう」と、メンバーに掲示してみて下さい。切り口を検討するためのヒントは、次で説明します。

●方法２：議論の中から見つけ出す

　意見やアイデアを先ずは出させた場合は、それらをベースに「上位概念としての切り口」を見つけ、その切り口の並列にある別の切り口を探すという方法です。これは、先程説明したとおりです。その頭の使い方について図解したものがこちらです。

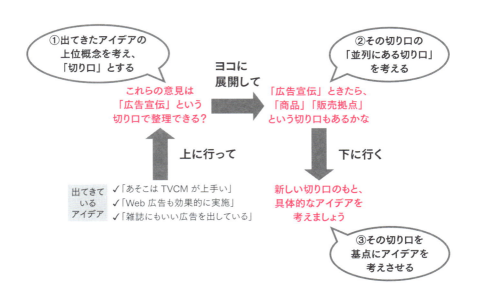

予めファシリテーターが切り口を複数を出していたとしても、議論の中で、新たな切り口が見つかることも大いにあり得ます。議論を進めていると、予め出した切り口のどこにも当てはまらない意見やアイデアが出たり、切り口の中で出された意見やアイデアが、更に複数のタイプに分類されそうな場合もあるでしょう。そういう場合は、臨機応変に切り口を追加して下さい。ファシリテーションに慣れてくると、これが自然にできるようになります。

●方法3：最初か途中で、メンバーに聞いてみる

ファシリテーターが、議論に必要な切り口を全くイメージできない場合は、参加メンバーに対して、「この議論のためにどんな切り口がある？」という問いを立ててもいいでしょう。こちらの方が方法1よりも丁寧な進め方に思われるかもしれませんが、毎回これをやるのも時間がかかります。故に、基本は方法1とし、そして議論の中で方法2や方法3を組み合わせていく方法を是非会得して下さい。

切り口を出すためのヒント

簡単そうで難しい発散や解明の議論における「切り口出し」ですが、ここでそのコツを2つ紹介します。

●A．「5W1H」で考える（「発散」「解明」の議論で使う。特に「発散」）

どこかで聞いたことのある「5W1H」が、何とここで出てきます。意外に思われるかも知れませんが、ファシリテーションの切り口出しのために直接使えるのです。

例えば、「小学校における、創造性を育む授業のアイデアを考える」というお題があるとしましょう。アイデアを発散する切り口を出すために、5W1Hを使ってみます。ここでは、切り口として使いやすいか否かは一旦考慮せず、フレームを使い、とりあえず出していきます。

①When：時期、タイミング
- 1学期／2学期／3学期
- 午前中／午後／放課後　など

②Where：場所、接点
- 教室／運動場／体育館／・・／校舎外
- 街／海／山／川／森・・　など

③Who：ターゲット、関わる人
- 低学年／中学年／高学年
- 生徒／先生／親／地域の人・・など

④What：サブテーマ
- 聞く力／考える力／発信する力・・
- 図形を創る／文章を創る／概念を創る・・など

⑤How：手法
- 講義／議論／体験／見学・・
- テキスト／映像／VR／講義・・　など

（Whyについては、議論の目的に該当するものなので、ここではあまり使いません）
　5W1Hを使いざっと考えただけでも、色々と出てくることがわかります。

● B.「お題の要素分解」で考える（主に「解明」の議論で使う）

次に「解明」の議論で使いこなしたいのが、お題そのものについて、解釈的に複数要素に分解し、それを切り口にするという技法です。5W1Hと比べて、少しだけ難易度は上がります。

幾つかのケースを使って解説します。

お題の例：「何故、企業理念は浸透しないのか？」
→「（理念が）浸透していない」という状況を要素分解してみる
　・そもそも知られていない
　・（知られているが）内容が理解されていない
　・（理解されているが）共感されていない
　・（共感されているが）実践方法がわからない

お題の例：「何故、このテーマパークは来場者数を維持しているのか？」
→「来場者数を維持している」という状況を要素分解してみる
　・新しい顧客が生まれている
　・リピーターが生まれている

お題の例：「何故、街中でスズメを見かけることが減ったのか？」
→「スズメを見かけなくなった」という状況を要素分解してみる
　・個体数が減った
　・生息エリアが変わった
　・ヒトの発見スキルが衰えた

ここまで行えば、それぞれの切り口について想定される、具体的な要因仮説を洗い出す、ということを続いて行えばよい訳です。

切り口の選び方

　では、ヒントなども活用し、幾つか候補が出てきたとして、この後どのように、議論で使う切り口を選べばいいのでしょうか。ポイントは3つあります。

●選び方1：その切り口でそもそも意見やアイデアが出しやすいか？

- メンバーに深く考えさせるために、多少の難しさはあってもいいのですが・・・あまりに発想しにくいものは切り口として機能しません
- 前述の授業アイデアのケースで示した「午前中／午後／・・」という切り口は、言葉から授業のイメージがしにくそうです

●選び方2：切り口ごとに、異なる意見やアイデアが出てきそうか？

- 仮に発想がしやすかったとしても、切り口ごとに出てくる意見やアイデアが同じものになりそうであれば、切り口として掲げる意味はありません
- 前述の例で示した「低学年／中学年／高学年」という切り口は、それぞれで出てくる内容に違いがなさそうです

●選び方3：特定の切り口に偏らず、意見やアイデアが広く出てきそうか？

- 特定の切り口にのみ意見やアイデアが集中しそうであると、切り口を展開する意味が薄れます
- 前述の例で示した「生徒／先生／親／地域の人」という切り口は、そもそも授業は生徒が受けるものであり、「生徒」という切り口にアイデアが集中しそうです

但し、どの切り口が然るべきか？ ということに、あまり時間を使い過ぎてもいけません。試しに、ファシリテーターとしてピンときたものを2、3選び、メンバーに提示をしてみて、どれが考えやすいか？ という問いを立てて進めて下さい。

　中には「自分で切り口を考えてみたけど、合っているか自信がない‥」と、考えた切り口を出すことに躊躇してしまう方がいます。自信がないから「出さない」という判断はやめましょう。
　実際に荒削りであったとしても、それでいいので必ず出してみて下さい。
　もしそうだとしても、議論の中で自然と切り口の荒削りな部分に気付いて修正されたり、追加されたりするものです。やってみて、どうしても発想が湧かない筋悪な切り口なら、引き返せばよいだけです。
　何ごとも、先ずは自分の見解を出してみることから。そのトライアル＆エラーを繰り返しながら、切り口を出す勘所が掴めていくのです。

●参考：ロジカル・シンキングのフレーム「ロジックツリー」

　3本目のアンテナ、「どう拡げる？」の考え方は、ロジカル・シンキングの授業で出てくる、「ロジックツリー」というフレームとほぼ同じことをやっています。

　このロジックツリーは、要因分析型（Why型）のものと、施策導出型（How型）の2種類に大別されますが、まさにそれぞれが解明／発散の切り口導出のフレームに他なりません。

　ちなみに私も、「実践的なロジカル・シンキング」をテーマとした人材育成プログラムを提供しておりますが、その講義においても、「ロジックツリーは、ファシリテーションスキルに繋がる」とお伝えしています。

　ロジカル・シンキングの大目的は、目的に基づいて、人や組織を動かすということ。そう考えると、ロジカル・シンキングもファシリテーションも、大目的が同じ「地続きの関係」であることは言うまでもありません。

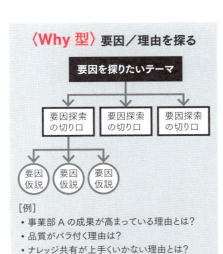
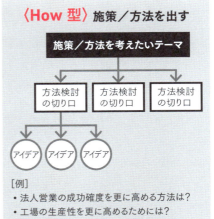

問いかけ方の例

　3本目のアンテナ「どう拡げる？」については、今までに説明した通り、切り口の出し方が命です。まさにそれ自体が「問いかけ」となっているからです。切り口があるということを前提として、覚えておいた方がよい問いかけ方を例示します。

●問いかけ方1：切り口に基づく意見を促す

　「他にありませんか？」
　「これで全てですか？」
　「出し切りましたか？」

　先ずはこれが出せるだけでも大きな進歩です。当たり前に思えるかもしれませんが、この一言が出せない方は多いのです。切り口のもと、メンバーから幾つかの意見が出てきたとします。ファシリテーターとしては、「意見が幾つか出てきたので、次に進めたい」という気持ちに駆られることはわかりますが、ここで頑張って「他にはありませんか？」という一言を出してみて下さい。そうすると、拾えていなかった意見が出てくることがあります。

　特に、次の切り口に移る前には必ず「この切り口で、アイデアは出し切りましたか？」という確認を行って下さい。こういう「**あおり方**」をすると、駆け込み的に幾つか意見が出てくることもあります。そうしないと「言えなかったことがあるけれども、後で言おう」という「順序ズレ」を起こしてしまう要因となります。

●問いかけ方2：他の切り口で意見を求める

　「次に、○○の切り口で考えましょう」

ファシリテーターとして、意見やアイデアを出すための、並列にある切り口が明確になっているなら、ある切り口で議論が完了した後は、当然ながらこのような問いかけが次に来ます。
　この発散や解明のための切り口が、ホワイトボードなどで明示化されているならば、自然とこの問いが立ちますが、必ず毎回それができる環境にある訳ではありません。そういう場合は、しっかりとファシリテーターが、**次に話し合う切り口を、「問い」として顕在化する**ことが必要です。これが疎かになると、メンバーは一体何に基づいて意見を出せばいいかわからず、議論の「ヨコズレ」を生み出す要因となります。

●問いかけ方3：切り口自体を尋ねる
「〇〇という切り口以外に、どんな切り口がありますか？」
「これらはどのような切り口で纏（まと）められますか？」

　先にも説明しましたが、意見やアイデアを出すため、そして纏めるための切り口自体を、メンバーに聞いてみるというのもいいでしょう。これは最初に聞いても、一通り意見やアイデアが出揃った後に聞いてもOKです。また、切り口なしで、各論から議論が始まった場合でも、どこかで上位概念で整理しなければいけない、と説明しましたが、ここでメンバーの手を借り、「これらはどのような切り口で纏められますか？」と聞いてみるのもありでしょう。

　ではここで、発想を拡げる「問い」を立てていくシミュレーションを行ってみましょう。
　「若手のモチベーションを高める取り組みを考える」というお題があるとします。議論の目的は「若手の離職率を〇〇％に下げるため」、アウトプットは「具体的な取組みアイデア」という前提とします。

ファシ	「さて皆さん始めましょう。How型の切り口として、一旦、環境を変える、制度を変える、意識を変える、という切り口からスタートしてみましょう」（シミュレーションのために、進め方も含めてあえてユルく設定しています）
ファシ	**「では、１つ目の「環境を変える」からいきましょう」**-①
Aさん	「まあ、職場が暗くて汚いのを何とかするとか？ モチベーションに影響するよ」
Bさん	「リフレッシュスペースがほしい！ きっとやる気も復活する！」
ファシ	**「他にはないですか？ これで全てですか？」**-②
Cさん	「あ、そうそう、観葉植物を置くと、気分が晴れるんと違う？」
ファシ	「O.K。**では次に行きます。よろしいですか？」**-③
	（中略）
ファシ	「最後に、**「意識を変える」という切り口で考えましょう」**-④
Aさん	「先ずは、このような課題があることを皆が知ることが大事だね」
Cさん	「意識を高めるために、上長による１on１を定期的にやるというのはどうや？」
ファシ	「色々とアイデア出てきますね。**もう他にはないですか？」**-⑤
Bさん	「ストレス耐性を付ける方法をレクチャーするとか・・本人にもそのスキルは必要だよね」
Aさん	「成長実感を感じたらやる気も出るよね。業務スキル自体も高めないと・・」
ファシ	「ふむふむ、『意識を変える』というところで、『スキル』の話が出てきましたね。これは１つのカタマリとしてありかもですね」
Bさん	「確かにね。他にもアイデアは出てきそう」
ファシ	「ここはひとつ**『意識を変える』から『スキルを高める』という切り口を独立させ、更にアイデアがないか考えましょう」**-⑥

Aさん　「そうすると、上長に対する、コミュニケーションスキルUPセミナーとか？」
Cさん　「ええなー、個人の成長を『見える化』する仕組みを作るとか？」

　・・・と、こんな感じで議論が進んでいくイメージです。
　簡単に解説をしますと、①でしっかり「切り口」を提示し、アイデアを促していることがわかります。そして、複数のアイデアが出ましたが、それで満足せず、②で「他にはないか」と更なる発散を促しています。
　そして、次の切り口に移動する時は、③で明確にそのことを伝えています。④と⑤は前述の①と②と同じ問いの組み合わせですね。
　そして最後、⑥でアイデアの中から新たな上位概念を見つけ、切り口として追加しています。このようなやり取りができると、ファシリテーターとして一歩前進です。
　この「切り口を出し入れする」というスキルは、全てのビジネスコミュニケーションを抜け漏れなく、効果的に進めるという意味でビジネスパーソン必須のスキルとも言えます。これができるかどうかで、全ての業務の生産性が変わります。

自分がファシリテーターでない時の活かし方

　視点を拡げる問いは、社内会議の場面以外でも、常に意識しておかなければいけません。例えば、顧客との商談において、顧客から「作成頂くご提案の評価ポイントは色々ありますが、先ずはコスト面でリーズナブルか否か、ということですかね」と聞いて、「はい、わかりました」と帰ってきては、上長に怒られてしまう訳です。
　顧客からコスト面で、と来たら、並列にある「内容面」「体制面」「スケジュール面」などの切り口ではどうかと、確認しなければ営業スタッフと

しては失格です。場合によっては、改めて聴きに行くはめになります。

　このように、ビジネスコミュニケーションにおいて、常に「どんな視点が並列にあるか」ということを意識しておかなければ、情報に抜けが出たままか、改めて時間を取るかしかなくなってしまいます。

　また社内会議において、ファシリテーターがいる場合でも、もし並列の切り口に気が付いたら、是非「こういう切り口はないですか」と提案してみて下さい。ファシリテーターにとってそのような助言は嬉しいはずです。是非、普段からこのアンテナを立て、並列にある視点を見つける鍛錬を行って下さい。

> **COLUMN**

組織の思考を促す、共通言語化した「問い」

　私が尊敬している、某社本部長のお話です。とてもダンディーな男前ですが、それに加えて、何と言いますか、ただ者ではない恐ろしいオーラを宿しているお方です。故に「オラオラ系のリーダーなのかしら」と、一般的にはイメージしてしまいがちです。

　数年前、その方とお仕事をご一緒したことがありました。ある得意先に対する、競合提案（コンペ）のお仕事です。・・・本番まであと数日、企画書を作成するチームが、いよいよ本部長に提案内容を事前説明する、という場面。私は端から見ていました。本部長の顔が真っ赤です。明らかに内容について不満なのでしょう、オーラ的にヤバさが伝わってきました。ま、マズいぞ・・・。

　きっとこの直後、彼らに対して具体的なレベルでの修正指示が、嵐のように飛んでくるのだろう・・・、と思いきや、本部長が放った一言は、「おい、このプレゼンの勝ち筋は何だ？」というシンプルな「問い」でした。彼らはそれに答えることができませんでした。チームメンバーは、その「問い」によって「この内容には、勝ち筋がない」ということに自ら気付き、もう一度練り直すことになったのです。

　実はこの「勝ち筋は何だ？」という問い、その本部長が管掌する組織において、「共通言語化」しているということを後で聞きました。皆、その「問い」にいつでも答えられるように、先ずは勝ち筋を考えてから企画書作成に取りかかるようになり、結果として、プラニングの正しい思考手順が自然と身に付いた、とのことでした。

　質の高い「1つの問い」で組織を動かす、名ファシリテーターだと感服しました。

アンテナ❹ どこを深掘る？

いよいよ、最後のアンテナについての説明です。これは、相手の発言について、どの部分をよりクリアにしないといけないか？ という意識です。ここもケースを使って皆さまに解説をします。

人事本部長から、「何故、ウチの会社にはいい人材が集まるのだろう？」と聞かれ、その件について持ち帰り、いつものメンバーで解明しようという状況です。

ファシ	「ウチの会社に、いい人材が多い理由を考えろ、という本部長からのお題です」
Bさん	「やっぱり今流行りの業界だからね」
ファシ	「いやいや、この業界でも人材で悩んでいる企業は多いようですよ」
Aさん	「若い子からは『何となくイメージがいい』とか、不思議とよく聞くよね」
ファシ	「ウチは意外と『秘めた熱さ』があるように見えているらしいです、外からは」
Bさん	「うわ、意外。でもそういうの、今の成長志向のある若い子には重要かもね」
Cさん	「昔の社内報の企画やけど、ウチ、動物に喩えると『ヒツジみたいな会社』というアンケート結果も昔あったで‥でもそれ、ある役員の一言でお蔵入りになったそうな・・・」
Aさん	「何それー（笑） でもそれ、何となくわかる気がするな、色々な意味で」
ファシ	「まあそういうことが、採用時の訴求力に繋がっているんでしょうかね」

Aさん 「私は、この中では絶対に『イメージのよさ』しか理由はないと思うよ。間違いなく」

Bさん 「そうなの？ 私は、3年前に今の社長に替わってから、明らかに採用が強くなった気がするんだけどね」

ファシ 「なるほど。いろいろ意見が出てきましたね。有り難うございました。では一旦、今日の結論を纏めてみますねー」

Cさん 「まあ、採用といえば、好感度に繋がることをやるのが特に重要やな。うんうん」

　このような感じで、議論自体はいい雰囲気で進行し、一応一段落はしたようですが、本当にこれでいいのでしょうか？ 何となく、表面的なやりとりに終始してしまっている印象もあります。ゴールに向かって、重要な情報を探り当てるために、ここからどのような問いを立てることが必要でしょうか？ 前述の「3本目のアンテナ（どう拡げる？）」に引っかかるもの以外で考えてみましょう。

　仮に、この状態で取り纏め、人事本部長に報告しようとするとどうなるでしょうか。
「本部長、我々の会議で出した結論は
　①何となくイメージがいい
　②秘めた熱さがあるように見えている
　③ヒツジみたいな会社
　④社長が替わったから
　⑤好感度に繋がることをやる
ということになりました。以上です」
　となりますよね。このままだとそうなりますが、あり得ないでしょう。

本ケースの最大の問題とは、出てきた意見やアイデアを、抽象的な状態、背景が不明な状態のままにして、深堀りのための問いが全くできていないということです。入り方としてはこれでもよいのですが、ファシリテーターとしては、出てきたそれぞれの意見について、具体的な解釈を出させたり、その背景にあるものを引き出すための「問い」を立てる必要がありました。

　現場の議論において、全ての意見やアイデアが、求めているレベル感に揃った状態で発言されるということはほとんどない、という前提で考えるべきです。メンバー全員が、会議の進め方やファシリテーションの概念を理解していれば別ですが、そういう状況はレア中のレアです。抽象的な表現、単語的表現、手段と結果の取り違えなど、様々なレベル感のものが混在して出てくることがほとんどです。

　故に、ファシリテーターは、出てきている意見やアイデアは「そのままの状態では使えない」というぐらいの認識でいた方がよいでしょう。つまり、更に具体化したり、その先にあるものを探索したり、その背景にあるものを確認するための「問い」を立てる必要があると最初から思っていたほうがよいということです。
　これが4本目のアンテナである「どこを深掘る？」という意識の持ち方です。

深堀り方のパターン

　議論において「どこを深掘る？」というアンテナを立てていれば、恐らく自然に問いは出てきますが、ここでも具体的な問いかけ方の例をパターンごとに幾つか紹介します。

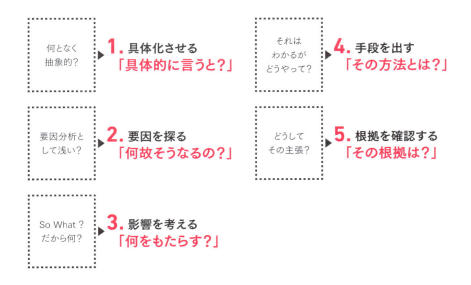

　意見やアイデアの深掘り方は、ほとんどがこれらのパターンに集約されるとお考え下さい。では1つずつ見ていきましょう。

● **問いかけ方1：具体的に言うと？（具体化させる）**
「具体的に言うと、どういうことですか？」
「その〇〇を、もう少し具体的に教えて下さい」

　この問いは、発散の議論、解明の議論両方で使います。これは、アンテナ②の「理解できる？」でも出てきました。出てきた意見が抽象的で、理解がしにくい時に繰り出す問いです。

　この議論では、「ヒツジみたいな会社」という過去の調査結果が紹介され、メンバーも同意できる様子です。しかしその結論をもって、「議論の結果、ヒツジのような社風、ということでした」と報告書には書けません。皆が何となく同意したとしても、いかにも抽象的過ぎます。故に、この後の然るべき「問い」としては、「ヒツジみたいな会社って、具体的にどん

な社内風土なんでしょうかね？」というように、深掘りの問いを投げかけなければいけません。

●問いかけ方2：何故そうなるの？（要因を探る）

「何故、そうなるのでしょうか？」
「その背景にあるものは何でしょう？」

　この問いは、主に解明の議論で使います。原因や課題の「真因」を突き止めようとすると、この問いを必ず立てなければいけません。
　議論の中で、「何となくイメージがいい」というものが出ましたが、これは、要因というよりも、結果としての感情に近い意見です。この場合は、「何となくイメージがいい、というのはわかりますが、何故そうなってるんでしょうか？」という問いを立てる必要があります。
　留意点としては、**一層だけ要因を出して、簡単に終わらない**ということです。解明の議論は、出てきた要因について、それが何故生じているのか？ という、もう一歩突っ込んだ深掘りの問いを入れないと、重要な情報に辿り着かないことがあります。

●問いかけ方3：何をもたらす？（影響を考える）

「それは、結果として何をもたらしますか？」
「それが意味することは何でしょう？」

　この問いは、主に解明の議論で使います。要因を分析する議論の中で、出てきた意見についてお題との「因果」が見えにくいもの、つまり「**それがあったとして、何で**（お題にある）**結果に繋がったのか？**」がわからないものがあります。
　この議論においては、「社長が替わってから、明らかに採用がよくなっ

た」という発言がありました。理解できますか？　これがあったから、何故採用が強くなったか？　という因果がわかりません。ですので、これをさらっと流すのではなく、「社長が替わったことが、採用にどのような好影響を与えたのでしょう？」という問いを立てるべきです。それをやらないと、この発言がムダになります。

● **問いかけ方4：その方法とは？**（手段を出す）
　「それを実現するためにどうしますか？」
　「何をしたら、その状態になりますか？」

　この問いは、主に発散の議論で使います。このケースから一旦離れますが、発散の議論において、具体的な施策や手段を出そうとしている時に、単に「結果の言い換え」をしているだけの意見が出る時があります。
　この議論でも、Ｃさんが最後に「好感度に繋がる施策が必要だ」という発言をしました。仮にこの議論が、施策を出すための発散の議論であったならば、「好感度に繋がること」というのは、単なる結果や成果の言い換えに他なりません。故にファシリテーターとしては、「その好感度に繋げるために、どんな方法が考えられますか？」という、手段を引き出す問いを立てる必要があります。

● **問いかけ方5：その根拠は？**（根拠を確認する）
　「その主張の根拠は何でしょうか？」
　「そう思った理由は何ですか？」

　メンバーから何らかの主張が繰り出された時、何を理由にそのようなことを言っているのか、わからない場合があります。そんな時は、その主張や意見の根拠となるものを発言者に確認することが必要です。

この議論の中で、Ａさんは「絶対に『イメージのよさ』しかない！」と言い切りましたが、そこまで言うには、何か根拠があるはずです。ですので、「Ａさんは、イメージのよさしかない、と仰いましたが、その根拠は何でしょう？」という問いを立てた方がいいです。「根拠は？」とだけ言うと、ややつっけんどんに聞こえがちなので、言い方にはご注意を。

意見やアイデアが一通り揃ったところで、冷静に眺めてみる

　ファシリテーションに慣れてくると、深堀りが必要な意見やアイデアが出てきた時、それにすぐ気が付き、その場で「具体的には？」というように、問いを立てることができるようになりますが、慣れない当初は、その都度気付いて問いを立てることは難しい、という方がいるかもしれません。そうなると、ホワイトボードに意見やアイデアを書くことで精一杯・・・となります。

　そういう場合は、様々な意見やアイデアが、**ホワイトボードに一通り書き揃えられた段階で、各要素のレベル感が揃っているか、俯瞰的に確認し**てみましょう。メンバー全員が一度冷静になり、書き出されたそれらの要素をジロジロと眺めてみるのです。

　そうすると、意見やアイデアの中で、総論過ぎるもの、各論過ぎるもの、論点がズレているものが混ざり込んでいることが見えてきます。そこで、深堀りの問いを入れてレベル感を整えたり、関係ないものを排除したりするのです。

　では、より理解を深めるためにシミュレーションを行ってみましょう。
　例えば、「何故、会社の近くにあるレストランは非常に人気を集めているのか」というお題で考えてみることとします。

解明の議論を行った結果、以下の理由仮説が並びました。

・スタッフの愛想がよい
・価格
・メニューが豊富にある
・何となくイメージがよいから
・目玉メニュー開発を更に進めるべきだ
・他の競合店舗の方が好き
・大好物のオムレツがメニューにある
・業績を上げていると聞く
・駅から近い場所にある
・印象！

　さて、皆さんであれば、これらの意見を眺めてみた時に、レベル感の違いに気付きますか？
　先ず、きちんとこの議論における答え、つまり理由になっているものは、幾つかしかありません。この中では、

・スタッフの愛想がよい
・メニューが豊富にある
・駅から近い場所にある

という3つだけです。ここから更に深掘りをする必要はありますが、一旦このレベルで全てを揃えることが先決です。

　次に、問いを立て、更なる深掘りが必要なものは以下の3つです。
・価格
・何となくイメージがよいから
・印象！

「価格」と言っても、価格が安いことなのか、高くてハイソなイメージがあるのか、色々な解釈があります。ですので、「価格ですね。価格が具体的にどうだからいいのでしょう？」という問いを立てましょう。

「何となくイメージがいい」は、結果としての印象に近く、もう少し理由を探りたいところです。ですので、「何となくのイメージのよさは、どのような理由で生じているのでしょう？」と聞いてみることが必要です。

「印象！」というのはいかにも抽象的過ぎますよね。ですので、「具体的に、印象とはどういう印象ですか？」「その◯◯という印象は、どこから生まれていますか？」という問いが連なるのでしょう。

そして、以下の意見は、論点からはズレているので、カットします。
・目玉メニュー開発を更に進めるべきだ（提案になっている）
・他の競合店舗の方が好き（他店の話はしていない）
・業績を上げていると聞く（単なる事実の共有）
・大好物のオムレツがメニューにある（主観的過ぎて分析になっていない）

以上、意見やアイデアが並べた後の、整理の方法について説明をしましたが、できることなら最初からレベル感を揃えた状態で出してもらいたいですよね。そのための１つのコツとして、**文尾の表現を揃えて発言させる**、という方法があります。例えば、こんなイメージで

・幼児期に育みたいこととは？
　　→「・・・する力」で揃えて発言させる
・あるレストランの人気の理由は？
　　→「・・・だから」で揃えて発言させる
・読書習慣を付けさせるために親がやることとは？
　　→「・・・する」で揃えて発言させる

以上、シミュレーションを通じて説明致しましたが、発散や解明の議論から、次の議論に進める前には、必ずこういう手順を踏んで下さい。**整えないまま突っ込むと、後の議論が複雑になったり、手戻りが生じたりして苦労することになります。**

　ここでは４本目のアンテナ「どう深掘る？」について説明しました。
　このアンテナを常に意識しておくと、全てのコミュニケーションの中で、深掘りしたい、深掘りすべきと思えるキーワードはどんどん現れてきます。ただ、あまりに「目くじら」を立て過ぎて、何でもかんでもしつこく聞けばいいものでもありません。目的やゴールに照らし合わせ、特に重要と考える部分について、深掘りの問いを立てれば充分です。

自分がファシリテーターでない時の活かし方

　深掘りの問いは、社内会議でしか使えないものではありません。本当に重要な情報に行き着くために、全てのビジネスコミュニケーションの中で、常に意識しなければいけないことです。
　例えば、ある見込み顧客に対して、競合社と同じ時間ヒアリングする機会があるとします。深掘りの問いが、その時間内に上手く繰り出せなければ、顧客の真なる課題や思いを聞き出すことができず、逆に競合社にそれをやられると勝てる見込みはありません。
　また、社内会議においても、その問いはファシリテーターしか出せないものではありません。メンバーとして参加している時も、誰かが出した意見やアイデアについて、もう少し具体的に聞いてみたいとか、聞くべきだと思ったら、ファシリテーターをサポートするという気持ちのもと、遠慮せずに「それは具体的にどういうことでしょう？」と問いを立てて下さい。

そういう問いがメンバー同士で飛び交う議論はいい議論であり、ファシリテーターにとってそのようなフォローは助かるはずです。

番外編：議論を盛り上げるための技法

　世の中には色々なファシリテーションの教科書があり、「会議の場づくりや雰囲気作り」を最初の章で説明しているものも多くあります。本書の構成は、議論のデザインの仕方、問いの立て方というスキルの解説から入っておりますが、もちろん、「雰囲気作り」を軽視している訳では全くありません。私も現場で実践しているものも幾つかあります。
　教科書的な内容を、ここで改めて説明する必要はありませんので割愛。中でも、特に効果的と考えている方法に絞りお伝えします。ネタばらしです。

①「問い」にきちんと答えてくれたら、ポジティブに反応する

　そして逆の場合は、何も反応を変えないということです。「行動随伴性」という、行動分析学の概念をご存じでしょうか。簡単に説明すると、「ある環境下において行動を起こし、それによってよいことがあったり嫌なことがなくなったりすると、その行動が繰り返される可能性が高い（逆に、行動によってよいことがなくなると、行動は繰り返されなくなる）」というもの。
　それに基づいて、こちらからの「問い」にきちんと応えてくれた、としたら、わかりやすくポジティブな言葉や表情で示すという方法です。どのようなやり方でもよくて、例えば、「なるほど！」といいながらパッと笑顔を出したり、「おーさすがですねー」と全体的に褒めたりしてもいいでしょう。

　ポイントは、発言者が「ファシリテーターが違う反応をくれた」と認識させることです。逆に「問い」に答えていないものには、微笑のまま反応

を変えません（不機嫌になる必要はありませんよ）。ファシリテーターは常に爽やかな笑顔で！ と仰る方もいますが、それでは違いを出せません。つまり、「どんなことをやればファシリテーターから褒められるのか」ということをメンバーに間接的に教育しているようなものです。

　留意点としては、褒めるといっても、「いい意見ですね」というように、意見やアイデアそのものの善し悪しをジャッジしてはいけないということ。ファシリテーターは個案を評価する役割は担っていないからです。

② 意見は必ず拾う。発話についてもたまに言及してあげる

　皆さんもご経験があるかもしれませんが、自分が出した意見がファシリテーターに流されている、と感じると、「もうこの会議で意見言うのやめよう」と白けてしまいますよね。発言すれば、しっかり拾ってくれるという安心感があることは、発言を促すための必要条件でしょう。

　まず、どんな（どうしようもない）発言に対しても、何らかの反応すること。これは鉄則です。どれだけズレていても、発言者に悪気がある訳ではありませんから。

　そして、もう１つの技法があります。議論の中で、誰かが発言した内容が、その前に別の人が発言した内容に関連するものであることはよくあります。そういった場合、「なるほど。これは○○さんも仰っていた内容に関連しますね」と、**オリジナルの発言者に言及してあげる**ということです。そうすると、きちんと聞いてくれていたな、という信頼に繋がりますし、議論に貢献したという手応えも感じてもらえます。

　また、そういった言及をしないと、「これは元々俺が言ったアイデアなのに‥」と内心拗ねる人もいるのです。面倒ですけど実際にあります。私は聞いていますよー、しっかり拾っていますよー、という姿勢を見せましょう。

③ 沈黙を恐れず、7秒くらいは待つ

　ファシリテーターを経験された方にお話を聞くと、どうしても「議論の途中で沈黙されることが怖い」という声をよく伺います。皆が黙ってしまうと、不安と焦りに駆られ、何とか沈黙を打開せねばと、自分がペラペラと喋り始めてしまう・・そういう経験はありませんか？

　意見やアイデアを促すために、切り口を出したり、アイデアを例示してみるやり方はあっても、**とりあえず間を繋ごうと、自分の意見やアイデアを発してしまうのはNG**です。

　議論における沈黙には、2種類あります。1つ目は、議論の目的や論点が不明確だったり、とっかかりとしての切り口がなく、何を発言していいかわからない類いの沈黙です。2つ目は、いい問いを立てられたので、にわかに答えることができず、じっくり思案しているという沈黙。これらは全く違います。避けたいのは、前者と後者を混同し、じっくり考えている時間であるにも関わらず、それを堰き止めるように自分が意見を出してしまう状況です。

　しっかり問いを立てられたと思うならば、我慢して7秒ぐらいは待ちましょう（この7秒というのは私の経験則です）もし、それでも意見が出なければ、メンバーに対して「今、私が立てた問いはわかりにくかったですか？」と聞いてもいいでしょう。

④何か言いたそうな人がいたら、すかさず指す

　ファシリテーターが思っているほど、皆んながみんな積極的な性格ではありません。いい意見やアイデアを持っているけど、なかなか自分からは発言しないという人も実際多いです。だからといって、満遍なくメンバー全員に聞いて回るということもできません。

ですので、「何か言いたそうだなこの人・・・」と思ったら、すかさず当てて話してもらうことにしています。**何か言いたいと思っている人は、必ず何かサインを出しているものです。**例えば、①こっちを見てくる、②顔を伏せる、見上げる、③うーん、などと唸る、④何かそわそわしている・・・など、ここに切り口として書くほどでもないですが、とにかくそういうアンテナを立てていれば、ピンとくるものです。

何か言いたい気持ちになる→ファシリテーターに当てられる→発言できる、というリズムは気持ちいいものです。慣れてくると、目を合わせるだけで発言してくれます。

⑤「いい質問ですね。いい切り口ですね」

会議の雰囲気を盛り上げていくために、発言者にはいい気分になって頂きましょう。よく使う技が、2つの褒めフレーズです。

1つ目は「いい質問ですね」です。これは、メンバーからメンバーに対して質問が出た時に発するものです。本当によい議論とは、ファシリテーターの問いにメンバーが一問一答式で答えるだけではなく、論点に基づいてメンバー同士でやりとりできている状態です。

あるメンバーが不明確な発言をした時、他のメンバーが自ら質問したり、深堀りの問いを立ててくれたら、こんなに素晴らしいことはありません。そういう時にこそファシリテーターは、「いい質問ですねー」「いい問いかけですねー」と直接褒めてあげて下さい。

2つ目は「いい切り口ですね」です。これも1つ目の趣旨と変わりません。ディスカッションの成否は、いい切り口を出せるかどうかにかかっています。ファシリテーターが気付かなかった、発散や解明の切り口が、メンバーから出てくるというのは非常に喜ばしい状況です。

「いい意見ですね」「いいアイデアですね」という言葉は、まあどんな会社でも普通に出てくるでしょう。ただ、問いや切り口の重要性を理解している企業は、「それは、考えさせるいい質問だねー」「その切り口は考えやすいね」という言葉が自然に出てきます。是非、このような言葉が飛び交う組織を、皆さまを起点に創っていきませんか。

第4章

(ファシリテーションの技法)
③出てきた意見を整理できる

合意形成に向けて、意見を整理する

　ここからは、議論で出てきた様々な意見やアイデアを、どのような方法で整理し、合意形成に至るのかについて、幾つかの具体的な技法をお伝えします。

　そもそも、目指すべき「意見が整理できている状態」とは、議論の種類によって異なります。よって、整理するための各種技法については、第1章で説明した議論のモジュール「5つのS」ごとに説明していきます。

1.「発散」の議論を整理する

　既に議論の中で、発散のための切り口が明確に示され、それぞれごとにアイデアが纏まって出てきているのであれば、それは既に「整理ができている」状態です。そうではなく、アイデアがバラバラと散らかっている状態であれば、次の議論に進めるために、何かしらの整理が必要です。では、そのための手順を説明します。

●Step1：各アイデアの「上位概念」を見つけ、切り口とする

　第2章でお伝えした通り、出されたアイデアを、意味合い的に類似している群で纏め、その群に名前を付けます。一般的には「グルーピング」とも言われる、上位概念の抽出法です。

　注意点としては、アイデアの数が複数ないと上位概念が出せない、ということではないという点です。アイデアが1つでも、上位概念を出すこと

はできます。「グルーピング」という名前に惑わされ、複数の要素がないとグループにならないイメージがありますが、本質的に必要なことは、各要素の上位概念を見つけることなので、基点となるアイデアが1つでも問題ありません。

　以下、シミュレーションを通じて説明します。
　例えばお題を、「会社を担う存在になってもらうために、課長職にどのような研修を受けさせるべきか」としましょう。議論を通じて、バラバラと以下のような研修テーマのアイデアが出たとします。
　・人前での話し方（1日間）
　・ファシリテーション（2日間）
　・新しいビジネス開発（3日間）
　・マーケティング（3日間）
　・初級ブランディング（1日間）
　・プレゼンテーション（2日間）

　これらを、幾つかの「見出し（切り口）」で整理してみました。
切り口①「3日間タイプ」
　・新しいビジネス開発（3日間）
　・マーケティング（3日間）
切り口②「テーマが"コミュニケーション"」
　・人前での話し方（1日間）
　・ファシリテーション（2日間）
　・プレゼンテーション（2日間）
切り口③「初級型」
　・初級ブランディング（1日間）

以上のように、アイデアの上位概念を3つの「切り口」として導出してみました。しかし、このままでいいのでしょうか？上位概念に纏めればそれでOKというわけではないのです。

●Step2：切り口のレベル感や種類が揃っていることを確認する

　先程纏めた切り口は、
　　「3日間」
　　「コミュニケーション」
　　「初級型」
というものでしたが、よく見てみると、それぞれの種類がバラバラです。このような括り方をしてしまうと、ある切り口の下に、他の要素がまたがって含まれる「ねじれ現象」が生まれる可能性があります。整理の仕方としてはNGです。

　テーマ、日数、タイプなど、できるだけ同じ種類で「切り口」を揃えなければ、並列にある新しい切り口は見えてきません。例えば、「テーマ」という種類で切り口を揃えると

切り口①「コミュニケーション」
　・人前での話し方
　・ファシリテーション
　・プレゼンテーション

切り口②「マーケティング」
　・マーケティング
　・初級ブランディング

切り口③「イノベーション」
　・新規事業開発

となります。これが「切り口のレベル感を整える」ということです。

　しかし、発散の議論の「整理」は、これで終わってはいけないのです。

「グルーピング」と聞くと、何故か皆さんここで終わってしまいますが、実は、更にここからやるべきことが2つあるのです。

● **Step3：導いた「切り口」の並列にある、別の切り口を探してみる**

普通はこれで終わりとなるのですが、ファシリテーターならそれで終わったらダメです。ファシリテーターは、メンバーが気付いてない視点に気付かせ、発想を促すことが重要な役割の1つです。馬なりに出てきた要素を整理して「見出し」を付けるだけでは、新しい視点を提示し、発想を促していることにはならないのです。

ですので、「切り口」が揃った後、その並列に他の「切り口」はないか？ということを更に探索しなければいけないのです。

ですので、先程のケースを使って説明すると、

　　切り口①「コミュニケーション」
　　切り口②「マーケティング」
　　切り口③「イノベーション」

という3つの切り口があるとして、ここから、「その並列にある、新しい切り口はないか？」と考えるのです。そうすると、例えば「管理職だから、やっぱり『マネジメント』という切り口も必要かもね」という意見が出てくるかも知れません。ここで切り口④「マネジメント」を加えてみましょう。

● **Step4：切り口ごとに、アイデアを更に追加する**

切り口を揃えてみると、更にアイデアが出てくる可能性があります。最後にそれぞれの切り口の中で、他のアイデアはないか？ という問いを立てて、アイデアを拡充します。特に、切り口④「マネジメント」については、まだその切り口の下にアイデアがないので、優先的に議論をしましょう。そうこうしながら、最終的に以下のように整理がされていくイメージです。

切り口①「コミュニケーション」
　・ロジカル・スピーキング
　・ファシリテーション
　・プレゼンテーション
切り口②「マーケティング」
　・マーケティング
　・初級ブランディング
　・セールス ←追加
切り口③「イノベーション」
　・新規事業開発
　・新商品開発 ←追加
切り口④「マネジメント」←追加
　・プロジェクトマネジメント ←追加
　・KPIマネジメント ←追加

　この後は、アジェンダに沿って、更にこれらのアイデアを深掘りするか、議論を「選択」に進める、などの判断を行うのがよいでしょう。

フレームを使い、発散しながら整理する

　先程説明したものは、アイデアがバラ付いている状態から入った時の整理の方法です。それとは別に、**最初から整理するための枠組みを使いながら、発散の議論を進めていく方法**もあります。それが今から説明する「フレームワーク」です。
　ここでは、発散の議論でよく使うフレームを幾つかご紹介します。

①強制発想法（マトリクス型フレーム）

　異なるタイプの「軸（同じカテゴリーの切り口の集まり）」をタテヨコに配置し、切り口と切り口がぶつかる場所で、強制的にアイデアを発想する方法です。これを使いこなすポイントとしては、新しいアイデアが発想しやすい、「筋のいい軸の組み合わせ」を考えることです。

「来年の家族旅行は、どこに行くか？」

Where 型の切り口「自然を楽しむ場所」

When型の切り口「季節」	海	山	川	森
春		登山	釣り	森林浴
夏	海水浴	ハイキング	釣り	キャンプ
秋	サーフィン	紅葉	ラフティング	
冬		スキースノボ		

交わる2つのキーワードを両方加味したアイデアを検討する

> **TIPS**
> ### ある新規事業開発のフレーム
>
> 　私が昔、ゲストメンバーとして参加したことがあるワークショップで活用した、面白い新規事業アイデア創出のフレームを紹介します。
> 　途中のプロセスをかっとばし、大ざっくりに説明すると、マトリクスの表頭に「お題となる事業領域の、〇〇年後に予想されるシナリオ」という軸と、表側に「その会社の強み」という軸を組み合わせ、タテヨコの「切り口」の交点の部分で、強制的に新しいビジネスを考える、というものです。

皆さまご存知の、イノベーション研究の大家であるヨーゼフ・シュンペーター博士は、イノベーションの定義を「経済活動の中で生産手段や資源、労働力などをそれまでとは異なる仕方で新結合すること」としています。

　つまり、前述のプロセスは「イノベーションを生み出すプロセス」と全く同じなのです。世には、幾度となくブレストをやらせても、月並みなアイデアしか出ないメンバーを嘆くマネジャーは多くいますが、何故発想が広がらないかというと、スキルの問題ではなく、アイデア創発の基点となる「切り口」を充分検討できていないことが理由かも知れません。自分が知っている知識同士の組み合わせ、つまり狭い面積の中でぐるぐる考えるから同じアイデアしか出てこないのです。

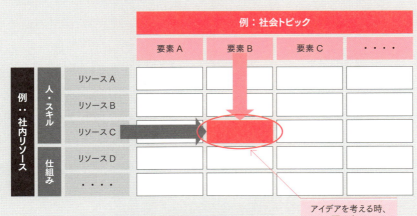

②How型ロジックツリー（ツリー型フレーム）

　あるお題についてのアイデアを、できるだけくまなく出し切るために使うフレームです。複数の切り口を使ってアイデアを発散させる、ということでは、今まで紹介してきた方法と変わらないのですが、施策を洗い出すための「切り口」をツリー状に展開し、それらを基点に施策アイデアを発散していきます。

「新しい研修プログラムのアイデアを出したい」

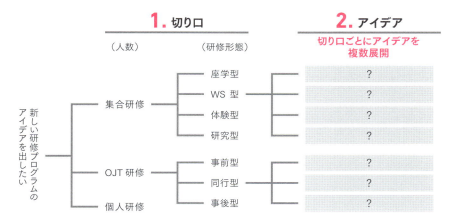

③逆算発想（フローチャート型フレーム）

　もし、発散のための切り口が「時間軸」的に整理できそうな場合は、それらの切り口をステップ論的に繋げ、それぞれに必要なアイデアを、ステップごとに発散するという方法です。普通に切り口を列挙するよりも、時間軸で整理され、視覚的にわかりやすいことに特徴があります。

　「逆算発想」とは、フローチャート型フレームの一種です。これは、最初に「あるべき姿」を決め、そこに至るまでに必要となる取組みについて、逆算的に発想するフレームです。

「5年目に『マネジャー』として独り立ちするために、3年目と1年目でやるべきことは？」

	＜1年目＞ メンバーの一員として参加できている状態	＜3年目＞ マネジャーの腹心として機能している状態	＜5年目＞ マネジャーとして独り立ちしている状態
計画策定スキル	・各個別作業の計画が立てられる	・ワークデザインのたたき台を作れる	・ワークデザインを完成させられる
セールススキル	・営業資料を作成できる	・営業の初動ができる	・営業活動でクロージングができる
ディレクションスキル	・先輩／上司に質問ができる	・後輩にアドバイスができる	・部下に適切な作業指示ができる
コミュニケーションスキル	・ロジカル・スピーキングができる	・社内でファシリテーションができる	・客先でファシリテーションができる

　お気付きの通り、フレームというのは、何の加工もなくそのまま使えるものではありません。重要なのは、図形ではなく、それにどのような切り口を施すか、ということです。

> **TIPS**
>
> ## 「マトリクス」か「ツリー」か?
>
> 　研修を行っていると、「発散の議論の時、マトリクスかツリーかを、どのように使い分ければよいか？」という質問を受けることがあります。いい質問ですよね。迷った時はこのように考えてみて下さい。
>
> 「マトリクス」を使う時
> ・1つ前に、「定義」や「解明」の議論があり、そこで既に発散の切り口になる要素が複数出てきている場合（ツリーだと全ての切り口でツリーを作らなければいけない）
>
> 「ツリー」を使う時
> ・1つ前の議論で、発散の切り口になるような要素が1つしかない場合
> ・発散の基点となるお題が、概念的に広い場合

2.「解明」の議論を整理する

「解明」の議論は、「発散」のようにアイデアをできるだけ多く出し切って、次に進むというものではなく、「要因を解き明かす」ことが目的です。つまり、出てきた要素の中から主要因を特定するところまでやって完結します。ですので、このタイプの議論は、とにかく要因を特定するための「要素の整理」を行わないと次に進めないのです。それでは、整理の手順を説明します。

●Step1：要因仮説を整理する「切り口」を導き出す

もし何も「切り口」のないところから議論を始めたのなら、バラバラと出てきた要因仮説から、上位概念としての「切り口」を見つけ、同じレベル感で整えつつ、並列にある他の切り口も追加する、という作業を行う必要があります。これは、「発散」の議論と同様です。

そして、並列に整理した切り口のもと、更に考えられる要因仮説を議論します。

●Step2：議論で出てきた要因仮説を、できる限り深掘りする

これは、第3章でお伝えした「どこを深掘る？」を思い出して下さい。繰り返しになりますが、解明の議論で、要因仮説の導出を、1回で終えてしまうことがよくあります。そこから更に「それは何故？」「何をもたらす？」という深掘りがなければ、表面的な事象しか捉えられず、真因には迫れません。もちろん、全て同じように何度も深掘りができる訳ではありませんが、その奥に「真因」が潜んでいるかも・・・という見方を常に持って下さい。

要因仮説を深掘りする時の、代表的なフレームは、「Why型ロジックツリー」です。ある切り口から洗い出された要因仮説について、更なる深掘

りの問いを立て、奥にある「真因」に向かっていくためのフレームです。

「私が痩せない理由を考えたい」

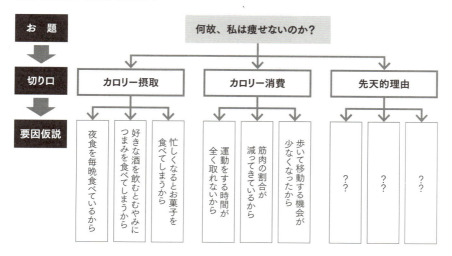

●Step3：3つの手法から、整理する方法を選択する

　ここは大変重要なパートなので、しっかり読んで下さいね。ここまでのステップで、ロジックツリーを使って、複数の要因仮説が洗い出されているはずです。解明の議論でありがちなのは、「沢山の要因仮説は出したものの、次に何をすればいいかわからない・・・」という、この段階での立ち往生です。人のファシリテーションを見ていて、本当によく見かける状況です。とりあえず導き出した、沢山の要因仮説から「主たる要因」を特定するためにはどうすればいいのでしょうか？

　その方法とは、以下の3種類しかありません。これらをしっかり覚えておくと便利です。

　①関係性で整理する

　②基準を使って仕分ける

　③解釈的に統合する

それでは、順に解説しましょう。（これらの整理の前に、類似の要因を束ねる、レベル感を整えるなどの、前段の整理はできているということが前提です）

①関係性で整理する

　解明の議論で、先ず複数の要因仮説が洗い出されたとします。それらをじっくり眺めてみると、実はそれぞれが完全に並列の関係ではなく、「原因」と「結果」、つまり因果の関係になっている場合があります。

　あるケースを使ってイメージしてみましょう。
「マーケティング部門が、営業スタッフ向けの新しいセールスマニュアルを作り提供したが、なかなか現場の営業スタッフがそれを使ってくれない」という状況があったとしましょう。（これは拙著『人と組織を効果的に動かすKPIマネジメント』でも紹介しているケースです）

　何故現場は動いてくれないのか？ 議論を通じて、6つの要因仮説が抽出されました。

- そもそも取組みの趣旨を理解できていない
- それを理解するための時間を後回しにしがち
- 現場に出ても内容を思い出せない
- 今までの自分の慣れたやり方を選択してしまう
- 現場でマニュアルを引っ張り出すのが面倒
- いつから切り替えていいかわからないうちに今に至る

　さてこれらの要因仮説は全て並列の関係と言えるでしょうか？ よく見ると、因果の関係になっているものがありそうです。これらを「関係性で整理」し、根源的な要因（主要因）を特定します。

「何故、営業スタッフはマニュアルを使ってくれないのか？」

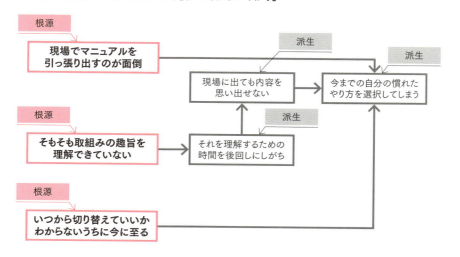

　このように整理すると、いくら派生的な要因を解決しても、本質的な解決には繋がりそうではないことがわかります。つまり解決すべきは、因果関係の「因」にあたる、根源的な要因ということです。注意点としては、矢印の「向き」です。「因」から矢印が出て「果」に刺さっていないといけません。これを間違うと、分析できなくなります。

　これは「コーザリティ分析」とも呼ばれるものです。様々な要因仮説を洗い出したとしても、現実的に全ての課題を解決することが難しい場合があります。そういった時、着手の優先度を決めるために、この分析を使うことがあります。

　もう一点重要なことがあります。「関係性で整理」という方法は、最初に出された要因仮説だけで関係付けるのではありません。一通り因果で整理ができたら
「この結果は、他の要因も考えられるのではないか」
「この要因は、他の結果ももたらすのではないか」

と更に検討を進め、マップに要素を追加していくことが必要です。図化されているから、このような深掘りの議論がしやすいのです。

②基準を使って仕分ける

　文字通り、複数出てきた要因仮説の中から、何かしらの基準を持って「これがその事象に関する、最も重要な要因である」と、シンプルに選ぶということです。「選択」の議論が、解明の議論の中に入った状態と捉えて下さい。

　3つの方法のうち、この方法が最も汎用性があるでしょう。「関係性で整理」し、根源的な要因が複数出揃った後で、この方法で最後に選ぶということもあります。

	1. 影響度の大きさ	**2.** 発生範囲の広さ
要因仮説 A	**大**	小
要因仮説 B	小	中
要因仮説 C	**大**	**広**
要因仮説 D	中	**広**
要因仮説 E	**大**	小
要因仮説 F	小	中

　参考までに、要因仮説の中から「主たる要因」を選択するための基準例を一部紹介します。

　・より深刻な影響を与えているもの
　・広範囲に影響を及ぼしているもの
　・対策を立てることが可能なもの　など

③解釈的に「統合」する

　最後に「統合」（シンセシス）という整理方法を紹介します。統合は、「分析」（アナリシス）の対にあたる概念です。少し説明が難しいかもしれませんが、**複数の要素が持つ「共通の意味合い」を、解釈によって導き出す**という方法です。そうすると、それらを1つの要素として「**統合する**」ことができます。

　3つの整理方法の中で、最も難易度が高いかも知れません。

　あるケースを使って説明しましょう。首都圏にある、架空のテーマパークについて、「何故か何度も行ってしまう、その真因について解明する」というテーマの議論があったとします。

　議論を通じて、幾つかの要因仮説が出てきました。その中から、何となく共通項がありそうな要因仮説を、4つピックアップしました。

- 「1日で回りきれないほどパークの面積が広大」
- 「アイテムコレクションする企画にはまってしまう」
- 「施設によっては大変な人気で、入れないこともある」
- 「人気キャラクターに毎回会えるとは限らない」

　これらが持つ、「共通の意味合い」とは何なのか？ 解釈的に考えてみることにします。「意味合い」を導く方向としては、もたらす影響、提供している価値、根源的な理由などがありますが、本ケースでは、「（それらが）来園者に与えている気持ち」という方向で解釈的に考えることにします。

　そう考えると、この4つからは「いつも満たされない気持ちにさせている」つまり「未充足感を感じさせている」という解釈的な「統合」ができるかもしれません。（これは私が主催するファシリテーション研修の総合演習で、実際に参加者の皆さんが挑戦して解釈したものです。好例でしたので、本書で紹介致しました）

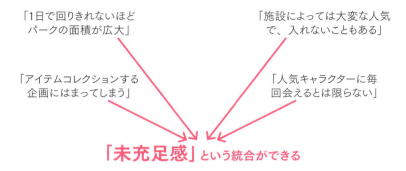

注意点としては、統合しようとして、単純な「カテゴリー」の見出しになってしまわないようにすることです。例えば、

・「1日で回りきれないほど、パークの面積が拡大」
・「どこに何があるか、何度行っても迷ってしまう」

という2つの要因があったとして、それを単に「パークの広さ」として纏めても、カテゴリーの見出しにしかなっていません。その裏側にある意味合いを解釈するのなら、例えば「冒険している気持ち」などが1つの解釈的な統合と言えるでしょう。

3.「選択」の議論を整理する

　選択の議論は、複数ある選択肢の中から、基準をもとにどれを選ぶか？という、意思決定を伴う議論です。円滑な意思決定に向けて、ここまでに纏められた情報をいかに整理するかについて、基本的な手順を解説します。

●Step1：基準を決める

　兎にも角にも、先ずは「基準」を明確化することから始まります。これは第1章でもお伝えしました。それなくして、皆が納得できるような、いい意思決定はあり得ません。

　当初から選択の基準が決まっていれば、それを「共有」するだけでOKなのですが、議論の中で決めなければいけない場合もあります。では、その基準をどう出せばいいのでしょうか。私が主催するファシリテーション研修でも、その質問をよく受けます。幾つかの方法がありますのでここで紹介します。

① 議論の「目的」から導き出す

　先ずはこれが基本です。そもそも、何のためにその会議を進めているのか？　という「目的の確認」から紐解き、基準を導き出す方法です。

　例えば「社員旅行の行き先を決めよう」という、選択の会議があったとしましょう。議論が進み、「沖縄、金沢、箱根」という候補が挙げられました。ここから、どれかを選択しようとしましたが、基準がないので進みません。そこで、行き先を決める前に基準を決めることにしました。

「やっぱり、美味しいものが食べられるかどうかでしょ！」
「いやいや、アクティビティの多さが重要だって」
「東京から、とにかく近いところがいいよ」

議論はしてみましたが、あまりにもメンバーの言うことがバラバラで、それ自体も決まりません。何故決まらないかと言えば、そもそも、この議論の目的、つまり「社員旅行の行き先を議論する目的」が明確に認識されていないからです。
　実は、若手社員の親睦を深める、ということが社員旅行に行く狙いとしてあったとするなら、そこからブレイクダウンして、例えば

　・若手が楽しめるものがあるか
　・親睦を深めるアクティビティがあるか

というような基準が出てくるかもしれません。基準を決めようとしても、散らかり過ぎてどうにもならない・・という場合、そもそも議論の目的が明確になっているかどうかについて疑ってみましょう。

②「制約要件」に着目する
　もう1つは、選んだものを実行に移す上で、避けられない「制約条件」に着目するという方法です。このケースだと、例えば、現実的に実行することを考えた時の制約要件について、メンバーから出された意見から
　・トータルコスト
　・移動時間
などが見えてくるなら、それらを基準として用いることもあるでしょう。

③汎用型の基準を使う
　様々な場面にてよく出てくる、汎用的な基準があります。そういったものをベースにして、必要なものを追加したり、不必要なものを削ったりして議論の基準とする方法もあるでしょう。参考までに幾つかを例示しておきます。

業務改善案の選択や、マーケティングプランの選択など、色々なテーマにおいてベーシカルに使うことのできる基準です。
- **実現容易度**（実現しやすいか）
- **必要コスト**（コストの多寡は）
- **インパクト**（期待効果の程度は）
- **汎用性**（汎用的に使えるか）　など

　企業理念や、事業スローガン、ブランドコンセプトの選択など、概念的なものを決める際によく使われる基準です。
- **受容性**（ニーズがあるか）
- **適社性**（自社らしいか）
- **差別性**（競合と差異があるか）
- **将来性**（将来的に持続するか）　など

　相見積を取った中から選ぶ時や、コンペの勝敗を決めたりするなど、複数社からの提案から1つを選ぶような際によく使われる基準です。
- **提案内容**
- **スピード**
- **コスト**
- **柔軟性**
- **担当者の人柄**　など

　新規事業領域の決定や、ターゲット市場の選定など、上記のような戦術レベルではなく、よりスコープが大きい戦略レベルの意思決定をするような際に使われる基準です。
- **市場の大きさ**
- **市場の成長性**

・競争環境の厳しさ
・参入難易度（の低さ）

　他にも色々とありますが、本書ではこれくらいにしておきます。

　ここで、「基準」について幾つかの留意点を。
　1つ目は「数」の問題です。基準は複数あってもいいのですが、それでも4つ5つとあまりに多いと、基準ごとの評価にバラツキが出て、合意形成時に収集付けにくくなることがあります。それぞれが本当に必要であれば、数の問題ではありません。しかし、基準の吟味をしっかり行わなず、「とりあえず・・・」とやみくもに増やしてしまうと、ファシリテーターとして後で大変困ることになります
　2つ目は「レベル感」の問題です。例えば、「複数の販促プランの中から1つを選択する」という議論で出てきた基準が、「効果」「実現しやすいかどうか」「汎用性」のように並んでいたならば、先ずは基準としての言葉遣いに整えた方がいいでしょう。この3つなら「効果が期待できるか」「実現しやすいか」「汎用性があるか」という整え方でしょうか。
　次に、確認したいことは、基準の間で、意味合い的な重なりがないか？ということです。
　そこで、3つ目は「重なり」に注意するということです。複数ある基準に、意味合いの重なりがあると、ダブルで同じ評価が付いてしまい、見かけ上の評価が上振れ（下振れ）してしまいます。

　もし、それでも「基準」が決まらなければ、ここは「リーダー」に決めてもらうしかありません。「基準」は意思決定に非常に近いものがあり、リーダーが決定することに問題はありません。

フレームを使い、選択しやすくする

　基準が明確になったら、フレームを使って合意形成を行うとよいでしょう。どのフレームを使うかは、基準が幾つあるかによって変わります。

基準が1つの場合

　特にフレームを使う必要はなく、シンプルに、その基準に基づいて、各案について○か×かの評価、もしくはスケール（例：◎、○、▲、×など）で評価する、ということになります。これだけでスパッと選択できればよいのですが、もしここで、当初決めた数に絞り込めるほど評価に差が出ない場合については、ここから更に絞り込みのための、新たな基準を追加しなければいけません。

基準が2つの場合

　基準が2つあれば、いよいよフレームを使うという選択肢が出てきます。ここでよく使うものは、マトリクス型のフレームです。

①ペイオフマトリクス

　2つの基準（例：「期待効果」と「難易度」）をタテヨコで組み合わせたマトリクスを作り、それぞれのセルに該当する候補案をプロットする方法です。これを使うと、優先的に選ぶべきものと、劣後させるべきものが一目瞭然となり、意思決定がしやすくなります。

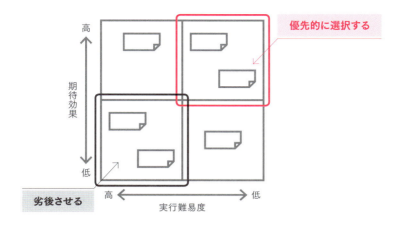

　基本は、各基準の「高、低」と「高、低」を組み合わせるので、4つのセルが作られますが、時として、意見やアイデアがある特定のセルに偏ってしまい、選びにくい状態になることがあります。そういう場合は、「高、中、低」「高、中、低」という、3×3の9つのセルを作る方法もあります（「3×3マトリクス」とも呼ばれます）。そうすると、より要素がばらけ、選びやすくなることがあります。

基準が3つ以上の場合

　基準が2つを超えると、2つの基準を使ったマトリクスを組むことができなくなるので、別の方法が必要となります。

②星取り表

　マトリクス型フレームの一種です。よく使われるので、どこかで見たことはあるのではないでしょうか。基準が3つ以上ある場合、表頭にそれらの基準、そして表側に複数の選択候補案をマトリクスで組み、それぞれの基準ごとに、点付けをしていく方法です。

	コスト	実施スピード	効果	リスク
施策 A	×	○	○	○
施策 B	△	△	○	△
施策 C	△	×	△	○
施策 D	○	△	×	○

（効果の列に「基準」、施策Dに「選択肢」の注記）

　このフレームは何となくコンサルタントの方達が好んで使う印象があります。簡単そうに見えますが、これを使う時の注意点があります。
　1．基準の意味合いが重ならないこと
・先ほども申し上げました。もし各基準に意味合い的な重なりが生じてしまうと、○や×が重なって付くことになり、評価が必要以上に上振れしたり下振れしたりします
　2．基準ごとの重要度を加味すること
・基準が複数あったとしても、目的と照らし合わせると、重要度が違う場合があります。そうすると、同じ○評価であったとしても、重みが違ってくるのです。これをわかるようにしておく必要があります

評価が「たすき掛け」になった時の議論の仕方

　前述の整理フレームを使って、基準ごとに優劣を決めていくと、「基準①ではA案優勢だが、別の基準ではB案優勢」というように、評価が「たすき掛け」になる場合があります。
　このような場合の議論の進め方について説明します。
　最初にやることは、「評価基準としての重要度」で判断する、という方法です。

基準①ではA案が優勢、基準②ではB案が優勢という状況があるとします。ここで、基準①の重要度がより重いとなれば、A案が選ばれる可能性が当然高まります。（このように、基準が1対1ならわかりやすいのですが、重要度が低い基準でも、複数の基準でB案が優勢となってきたら話は別です。そうなるとトータル的なメリットの比較で判断することになります）

　もしそれで意思決定に至らなければ、×や△が付いている案について、「○」にするための追加施策を考えてみる、という方法を取ります。もちろん、追加施策は現実的に実行可能なものである必要があります。（これは、第6章で説明する「ネガ消し」という突破方法です。詳しくは197頁で解説します）

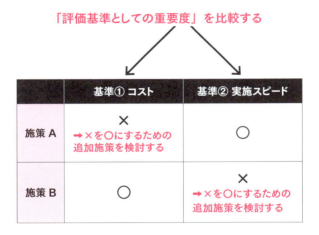

　それでも決まらなければ、最後は比較対処となっている各案の○と×、つまり利点と欠点を加味し、どれがより目的に近いかを、総合的に判断します。

　意思決定においては、「総合的判断」も時として必要です。何でも全てメカニカルに決まる、というものでもありません。それでも、何の基準も

顕在化されないままエイヤ、で決めるよりも、議論の過程を示せるが故、結論に対する説得力は生まれますし、当該案を選んだ後に、留意しなければいけないデメリットも顕在化されます。

③理由記入型マトリクス

星取表のように、選択候補案それぞれを、基準に照らし合わせて高か低か、と簡単にジャッジできるならOKですが、明示した基準に基づいて、各案じっくり議論をしてから評価を下したい、という場面もあるでしょう。その場合は「理由記入型マトリクス」です。

これは、選択候補案と基準をタテヨコの関係にしたマトリクスを作り、基準ごとの評価内容をセルに書き込んだ上、最終的に各基準単位での優劣を評価するフレームです。

「我が社の新規事業である『Eラーニング』は、どちらの市場に攻め込むべきか？」

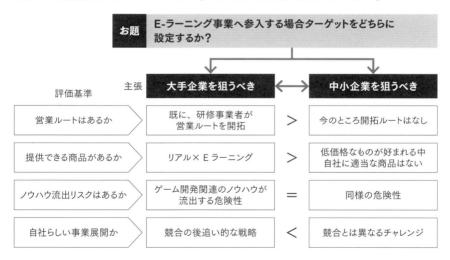

④ベン図

　それぞれの基準を円形で示し、各候補案がどの基準に合致しているかについて、図形上にプロットしていく方法です。

「次の社員旅行の行き先候補を、3つの基準ごとに整理してみると？」

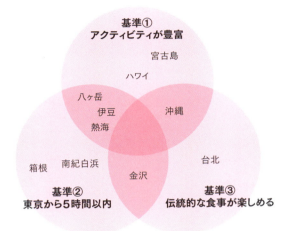

　これは、評価のスケールが、○か×か、つまりオンオフ型になるため、◎／○／△／×など、段階を分けて評価をすることはできません。そして、現実的にこれを使う時は、基準が2つか3つの時だけでしょう。（物理的には、4つの円でもベン図は作れますが、高度な作図能力が必要なのでやめましょう）

> **TIPS**
> ### 「メリット／デメリット分析」の難しさ
> 　選択の議論において、最もポピュラーなフレームといえば、「メリット／デメリット分析」だと思います。それぞれの選択候補について、考えられるメリットとデメリットをハコの中に列挙していく、というものです。

これは、使い方として非常に簡単で、議論自体もサクサクと進んでいきます。しかし難しいのは、メリット／デメリットを列挙した後です。さて、皆さんはこの状態から合意形成に向かうために、どのように進めていきますか？

「どちらの提案を採用するか？」

	メリット	デメリット
X社の **PLAN A**	✓ 見積が安い ✓ 担当者が信頼できる ✓ 会社としての安心感がある	✓ 内容がやや保守的 ✓ 所在地がここから遠い ✓ チーム内に女性がいない
Y社の **PLAN B**	✓ 内容が非常に斬新 ✓ 社長が提案を気に入っている ✓ イケメンの担当者がいる	✓ 見積が**PLAN A**の3倍 ✓ 業界内で悪い噂がちらほら

① メリット／デメリットの両方を洗い出す
② ・・・そしてその後どうするか？

　メリットの数が多い方の案が選ばれる、という単純なものでは決してありませんよね。
　このハコの中に色々な評価が入っていますが、これらは一体何なのかといえば、「**各個人の勝手な評価基準に基づく意見**」が、**単に羅列されている状態**なのです。本書で何度か説明している、基準が顕在化されず、意思決定を難しくしているケースと同じ状況です。

　このフレームがムダだ、というつもりはありません。一度、ハコにメンバーによる思い思いの評価を入れてみて、それを眺めながら総合的に判断する、というやり方もあるでしょう。何も分析をしないまま感覚的に選択するよりは全然マシです。

この分析の有効な使い方があるとすれば、選択のための「基準」がない時に、それを抽出するためのステップにするというものです。ハコにある評価内容を1つ1つ見ていくと、それらがどんな「基準」によって導き出されたか、ということがわかります。そうやって抽出した「基準」を取捨選択し、その基準を使って候補案を改めて評価する、という方法です。参考として覚えておいて下さい。

4.「定義」の議論を整理する

　お題に含まれている言葉の中で、抽象的で解釈の幅が広いものがある場合、それを最初に定義する必要がある、という話は前述の通りです。
　すんなりと、言葉の定義について認識が揃えばいいのですが、定義について複数の案が出てくることがあります。

　例えば、「小学生にとって有益な、新しい授業とは何かを考える」というお題があるとしましょう。議論を進める上で、先ず定義しなければいけないのは、「有益さ」という言葉でしょう。ここの定義がぶれると、この後に続く「解明」や「発散」などの議論で、各メンバーの思考の焦点が大きくズレてしまう恐れがあります。
　そして「有益さ」の定義について、様々な意見が出てきたとします、
　有益さとは・・

- 「受験のための学力が高まること」
- 「基礎体力が付くこと」
- 「将来の仕事選びに役に立つこと」
- 「語学力が付くこと」

・「課題を見つける力が付くこと」
・「人とのコミュニケーション力が付くこと」
・「物事に関する興味関心力が高まること」　など

　さくっと決まると思いきや、かなり「定義」の仕方について拡散してしまいました。
　これらの中から、然るべき「定義」を行うためには、議論の**「目的」に照らし合わせ、整理する**という作業が必要です。
　例えばこの議論を行う目的が、「今から約10年後のリーダーを育成するための、新しい教育を考える」というものであったとすると、その目的に視するものは？　という問いから、かなり候補を絞り込むことができそうです。そうすると、

・「人とのコミュニケーション力が付くこと」
・「課題を見つける力が付くこと」

などが、必然的に「有益さ」の定義として選ばれる可能性が高まるでしょう。

　もしそれでも「定義」を絞り込むことができなければ、少なくとも、目的から明らかに遠そうなものを外して、一旦先に進めてみます。
　もしその場に意思決定できるリーダーがいるのであれば、一旦この部分についてジャッジを仰いでもいいでしょう。お題に含まれる言葉の「定義」というのは、議論の方向性そのものに大きく影響を与える、大変重要な要素だからです。

> **COLUMN**

「永遠に具体化しない、新規事業プロジェクト」

　議論を進める上で最も大事な、「目的」や「お題」の定義をなおざりにすることが、とんでもない時間のロスに繋がることもあります。早めに気付くことができればよいのですが、運悪く最後の意思決定段階まで気付かず進んでしまい、最後の最後で「そもそも論」に立ち戻ることもあります。そうなると、膨大な時間をかけ検討した内容が全てボツになることも・・・。

　かつて私がコンサルタントとして担当していた、ある企業の、新規事業開発プロジェクトでの1コマです。同社の本業は、遊戯人口が減っているとはいえ、高い利益率を誇る某アミューズメント系サービスです。

　プロジェクト開始前に、そのお得意先のメンバーAさんからこんな話を聞きました。

Aさん　「今までも、社内で新規事業を開発するプロジェクトは何度も立ち上げてきたんです。それで、毎回かなり練り込んだ案を上層部にプレゼンしてきたのですが、GOサインが出たことは1つもありません。ははは」

わたし　「でも、練り込まれた実現性の高いプランだったんですよね？どういう理由で却下になってきたんですか？」

Aさん　「ご存知の通り、我が社の本業は、大変利益率の高い某サービスです。ですので、いざプランを出してみると、『何故、そんな本業と利益率が違うものをわざわざやるんだ』という声が必ず出て、それで毎回終了です」

わたし　「な、なるほど・・。ちなみに、それらのプロジェクトは、どんなタイトルだったのですか？」

Aさん　「だいたい毎回同じですよ。"第三の事業の柱"創出プロジェクトです」

わたし　　「ほえー、なかなか本気感ある、いいタイトルですね・・・

　何度も何度もプランを出しては、却下される、ということが続くと、もうやる気自体がなくなってきそうですが、それでもネバーギブアップ、再挑戦しようとする気概は素晴らしいと思いました、しかし、それが繰り返されてきた理由を解明しないと、恐らく次も同じです。

　先ず、「第三の事業の柱」という、このお題が非常に概念的だと思いました。プロジェクトメンバーと、プランを評価する上層部の皆さんの間に、その言葉の定義、社としてそれに取組む目的の捉え方に、大きなギャップがあったのではと確認してみると、実際その通りでした。
　そもそも、プロジェクトを幾度となく立ち上げてきた理由としては、本業のターゲット人口が年々目減りしており、投資ができる今このタイミングで、新たなる事業の芽をできるだけ多く育てておこう、という思いだったそうです。
　その目的が、上層部にもしっかり共有された上、「第三の事業の柱」とは、立ち上げ期を含めて、どのような事業であればよいかについて「定義」をしっかりと行っていたならば、前述のような、恣意的な基準のもと却下連発、というようなことにはならかったはずです。

5.「共有」の議論を整理する

　「共有」の議論は、あくまでもアウトプットさせる手前の、「既にある事実の共有」ですので、ここで何かを整理する作業は基本的に発生しません。
　1つだけポイントを挙げるとするならば、事実の共有を行う際は、これは何のための共有なのか？ 次の議論にどのように繋がるのか？ というこ

とを整理した上で、メンバーに対して伝えて下さい。「情報共有」とは、何でもかんでも共有しようということではありませんよね。共有にだって、時間がかかる訳ですから。あくまでも明確な意図をもって進めるべきです。

　以下、「共有」するものの一例です。

・この議論を行う「目的」や「背景」に関する通達
・既に決まっている、お題に含まれる言葉の定義の確認
・アイデアの発散や要因分析を促すための、様々な参考材料の共有
・アイデアを発散する上での、前提条件や制約条件の提示
・議論を通じた決定内容についての再確認　など

自分がファシリテーターでない時の活かし方

　意見やアイデアを「整理」しなければいけない場面は、日常のビジネスコミュニケーションの中でもよくあります。本章でお伝えしたような内容の説明をすると、「整理するためには、いつもホワイトボードを使って、がっちり作図しなければいけないの・・・？」と思うかもしれませんが、そんなことはありません。

　例えば、こんなやりとりをみてみましょう。部長とBさんが、提案をもらった2社のうち、どちらを選ぼうかと模索しているというシーンです。

部長　　　「ITベンダーA社の提案は、かなり我々のニーズに合っているね。担当者の人柄もよくて気持ちがいいな。納期も思った以上に早そうでGOODだね」
Bさん　　「ですが部長、見積金額が、A社の提案はだいぶ高くて予算オー

	バーですよ」
部長	「まあね、でも過去も我が社との実績があり、何となく安心できるじゃない？ うーんＡ社に決めちゃおうかな」
Ｂさん	「ちょっと待って下さいよ部長。Ｂ社の提案も、きちんとニーズに応えているし、担当者もきちんとしていますよ」
部長	「確かにな」
Ｂさん	「しかも、我が社との過去実績は、今回考慮しないって言ってましたよね。納期はＡ社にやや劣るかもしれませんが、見積は想定内です。残り予算厳しいですよ・・」
部長	「うーむ。どうしたものか・・・」
Ｂさん	「部長、今までのところを、選択の基準ごとに整理してみますよ。『提案内容』『担当者の人柄』これらはイーブンですよね。そして『過去実績』は今回の基準ではないので、ノーカンです」
部長	「じゃあ、違っているところは？」
Ｂさん	「コストはＢ社に軍配、納期はＡ社に軍配が上がっています」
部長	「そうかわかったぞ」
Ｂさん	「つまり、コストを取るか、納期を取るかの選択をすればいいということです」

　このように、普段の何気ないコミュニケーションの中でも、**「話を整理する」ことが求められる状況は非常に多い**と思います。あなたの周りにいる、切れるビジネスパーソンを思い浮かべて下さい。きっとその方は「話の整理」がとても上手い方だと思いますが、いかがでしょうか。

> **TIPS**
> **「議論を後戻りさせないための方法」**

「順調に議論を進めてはいたものの、途中で前に話したテーマが蒸し返されがち‥」

こういうことは頻繁に起こり得ます。まさしく、前述の「順序ズレ」が野放図に発生し、いくら議論しても前に進んで行かないという状況。これが起こる理由としては、前にも述べた通り、ファシリテーター自身が議論の構成をイメージできていないことや、議論のズレに気付いていても正せないということなどがあります。

しかし、仮にそれらがしっかりできていたとしても、後戻りする発言はどうしても出てきてしまいます。それを少しでも防ぐための方法として、**「小さな合意形成をコツコツ取る」**というものがあります。

議論モジュールが切り替わる時や、ある切り口から、他の切り口に変わる時、つまり別の論点に代わるタイミングで、この議論を終えて、次に進めていいかの確認を必ず取ります。

「では、この定義のもと、次に進めてOKですか？」
「考えられる要因は出尽くしましたか？ なければ次に進みますよ？」
「この切り口について、もうアイデアは出し尽くしましたか？」

以上のように、**次の議論に進める前に、コツコツと合意形成をしていって**下さい。逆にそうしないと、メンバーが「まあ、まだ言えていないことがあったけど、後で言うからいっか‥」などという甘えを生み出してしまい、順序ズレや、ヨコズレの温床になります。

コツコツと合意形成を取ることを癖にしていけば、メンバーに「何とか、ここで意見を言っておかなきゃ‥」と思わせることになり、議論にメリハリと緊張感が生まれます。是非実践してみて下さい。

第5章

（ファシリテーションの技法）
④グラフィックを
効果的に使える

グラフィックを使うことの意味

　ファシリテーションを効果的に進めるために、ホワイトボードでグラフィックを活用することは非常に効果的です。議論の流れや、発想するためのフレームや切り口が「可視化」されることで、より効率よく、抜け漏れなく議論を行うことが可能となるからです。もし、会議の場にホワイトボードがあるならば、積極的に活用すべきでしょう。

　この「ファシリテーショングラフィック」という技法は、この書籍が刊行される数年前に、ちょっとしたブームになり、関連書籍も数多く出ました。私も色々な書籍を読んでみましたが、中には「ファシリテーターは、○色のマーカーを指に挟んで云々・・」とか、「ヒトの挿絵を入れてみよう」など、結構難易度高いなぁ・・・と思うものも多く見られました。できればよいんですけどね。会議やセミナーの内容を聞いて、その場でまさに「絵」のような、様々なモチーフを駆使したカラフルなビジュアルで、その趣旨を纏（まと）めることを職業にしている「グラフィックのプロ」もいます。

　ここからは、イラストの書き方や、図柄をふんだんに使った華やかな装飾方法などの、あまりに応用的な技法ではなく、最低限ここだけ押さえればOK、という内容に絞ってお伝えします。

グラフィック化の目的

　何ごとにも目的はあります。ホワイトボードもまた然り。これを明確にしなければ、単なる「議事録ツール」として使われるのみとなります。ホワイトボードは「議事録」を取る目的で使うものではありません。

●目的① 段取りを意識させる

　ファシリテーターが準備した構成を、予めメンバーに示して、議論の順序を意識させることが1つ目の目的です。順序ズレは頻発する、と先に説明しましたが、極力これを防ぐために行います。

　もし議論の構成に自信がなければ、事前にメンバーに構成を提示した上で、先ずはその進め方について意見をもらう、という方法もあります。

●目的② 「問い」を示す

　今立てている「問い」を明示し、それに思考を集中させることが2つ目の目的です。しばしば、参加者は「問い」から離れた意見を出しがちです。

　これを避けるためにも、今聞きたいこと、考えてもらいたいこと、つまりファシリテーターからの「問い」を、ホワイトボードに強調して記入することは効果的です。1つの問いが終わったら、それを消して次の問いを書く、という使い方もあるでしょう。

●目的③ アイデアを促進する

　思考を促す切り口やフレームを示し、より幅広く意見やアイデアを出してもらうことが3つ目の目的です。発散の議論における「インパクト法」や、解明の議論における「ロジックツリー」などを思い出して下さい。

　発想を促すために大変効果的なツールですが、グラフィックがなく、口頭での「問い」だけで進めようとすると、参加者にとってもファシリテーターにとっても、やっていることのイメージがしづらく、難しい議論になってしまいます。

● **目的④ 意見を整理する**

　合意形成に向けて、出てきた要素をホワイトボードに書き出したり、関係性を示し、出てきた意見やアイデアを整理することが4つ目の目的です。

　出てきた要素のレベル感を確認し、必要に応じて深掘りしたり、複数のアイデアをマーカーで囲ってグルーピングしたり、出てきた要素の意味的な繋がりを線で繋いだりして「整理」することは、効率よく合意形成に向かうためには大変重要な作業です。

● **目的⑤ 意見と発言者を切り離す**

　ここまでが、一般的なホワイトボードの活用目的ですが、もう1つ大変重要な目的があります。それは「意見と発言者を切り離す」ということです。

　ファシリテーションに関する、よく伺うお悩みとして、「上長がアイデアを出すと、気を遣ってしまい、他の案を推すことに躊躇してしまう・・」というものがあります。気持ちはよくわかりますが、毎回上長に遠慮していては、まともな議論にはなりません。それを少しでも緩和するためのツールがホワイトボードです。

　ホワイトボードに出てきた意見を書き出すと単純に、「誰がそれを言ったか」ということがわかりにくくなります。つまりは「**発言者**」と「**意見**」**を切り離す**ということです。基準を用いて意思決定をする上で、誰がそれを言ったかというのは、本来的には関係ないはずです。

ホワイトボードに書き込む前の注意点

　ホワイトボードに書き込む「前」と強調したのは、参加者から意見が出てきた時に、いきなり聞いたままの状態で記入してほしくないからです。繰り返しになりますが、ホワイトボードは、単に発言録を書くためのもので

はありません。

　発言を記入する前に、前述の「4本のアンテナ」を働かせ、以下のような「やりとり」を行った上で、はじめてホワイトボードに記入して下さい。

● **ズレた意見があったら一旦外す**

　論点とズレた意見を、正しく出てきている意見やアイデアと混ぜて書いてしまうとカオス状態になります。無視して捨て置くのはダメなので、ズレには言及しつつも、右端に確保した「メモ欄」に寄せて記入しておきましょう。

● **自分が理解できるまで確認する**

　あまりにも発言が長く、要領を得ていなかったり、理解ができなかったりする場合は、前述したとおり、「つまり？」「具体的に？」「一言で言うと？」という問いを繰り出し、相手に纏めさせ、理解できる状態になってから記入しましょう。

● **適切なレベル感に整える**

　意図したレベルとズレた意見やアイデアが出てきた場合、「このレベルに揃えて言うとどうなりますか？」という問いを立てるか、自らがレベル感を調整し「つまり、こういうことですか？」と発言者に確認してから書くかどちらかです。

　ファシリテーションに慣れていないと、参加者から何か発言がある度に、焦ってすぐにホワイトボードに記入しようとしがちです。そうなると、ホワイトボードに転記することばかりに意識と時間が割かれてしまい、ファシリテーターの本来的な役割を果たせず、いつしか「議事録記入係」になってしまいます。（慣れない段階で、どうしてもこうなってしまう場合は、ホワイ

トボードに纏める役割を担う「グラフィッカー」を別に立ててもいいでしょう）

　ファシリテーションに慣れてくると、発言がある度に焦って記入しようとするのではなく、余裕を持ってどっしり構え、発言者とのやりとりの後で記入する、という進め方に変わってきます。逆に、慣れない段階でも、こういうイメージを持って進めてみて下さい。

　このような余裕が持てるようになってくると、パワーファシリテーターに一歩前進です。

グラフィック化の基本技法

　前述の通り、様々な書籍にあるような、色々なビジュアルモチーフを駆使した「絵」のようなグラフィックを作ることは、毎回のリアルな議論をイメージするとややオーバースペックです。

　現実的に、ファシリテーショングラフィックに必要なスキルを絞ると、以下の4点です。

1. **見出しを書く**（議論モジュール、切り口　など）
2. **関連性を示す**（線で繋ぐ、囲う　など）
3. **強調する**（赤文字、波線、円で囲む　など）
4. **補足する**（青文字、吹き出し　など）

　そして、重要な「色使い」ですが、お奨めしている使い方は、
- ベースは「黒」
- 強調は「赤」
- 補足は「青」

これで十分かと思います。もちろん様々な色を使った方が見映えはするのでしょうが、現実的な環境として、ホワイトボードのへりに横たわっているマーカーは黒と赤と青しかないことがほとんどだからです。
　残念ながら本書は印刷の関係上、「青色」が表現できませんので、文章で補足しておきます。

グラフィック化のシミュレーション

　では、前述の4つの技法を用いて、議論の進行とともに、どのようにグラフィック化していくかについて、イメージを持って頂くためのシミュレーションを行いましょう。
　これは「あるレストランの売上を維持するために、何に取組むか？」という議論です。

①先ずは、議論の流れを「見出し」にしてみます。

　出だしの2つくらいの見出しがあれば、次への繋がりがわかりやすく意識できるのでいいでしょう。最初に全てのモジュールを見出しとして書き切る必要はありません。それぞれの議論で、意見やアイデアがどれくらいの分量出てくるかわからないからです。

＜目的／お題＞　レストラン X の月間売上目標(500万円)を維持するために、どんな改善策に取組むべきか？

＜アウトプット＞　実行可能な具体施策

＜共　有＞　最近の売上の状況

＜解　明＞

②見出しに基づいて情報を共有していきます。

　そうすると、この議論で解明すべきトピックが見えてきました。それをはっきりとメンバーに示すために、その部分について赤丸で強調をしておきましょう。そして、今から何を論点に議論を進めていくのかについての解説を、青色の吹き出しの中に補足として附記しておきます。

```
＜目的／お題＞　レストランXの月間売上目標（500万円）を維持するために、どんな改善策に
　　　　　　　　取組むべきか？
＜アウトプット＞　実行可能な具体施策
＜共　有＞　最近の売上の状況
　　　　　　2018年2月　450万円
　　　　　　2018年3月　380万円
　　　　　　2018年4月　350万円
＜解　明＞
```

（吹き出し：落ち込んできている要因を解明する）

③ここから、解明→発散の議論です。

　その流れをメンバーに知らしめるために、見出しを書いておきましょう。先ずは「何故、直近の２か月の売上が低迷しているか？」というテーマで、解明の議論を進めると、幾つかの要因仮説が出てきました。一旦、それらを書き出してみます。

＜目的／お題＞　レストランＸの月間売上目標（500万円）を維持するために、どんな改善策に取組むべきか？

＜アウトプット＞　実行可能な具体施策

＜共　有＞　最近の売上の状況
　　　　　　2018年2月　450万円
　　　　　　2018年3月　380万円
　　　　　　2018年4月　350万円

（吹き出し：落ち込んできている要因を解明する）

＜解　明＞　　　　　　　　＜発　散＞
何故、直近2ヶ月　　　　　解決アイデアを考える
売上低迷しているか？

　客単価が50円減少

　客数の伸び悩み

　新規顧客の減少

　リピート率の減少

172

④解明の議論で出てきた要素を整理します。

　最初に出てきた４つの要素を見てみると、総論と各論の関係になっているものがあり、関係性を矢印で表現します。矢印の向きに気を付けて下さい。そして、更に要因の深掘りを進め、主たる要因が見えてきました。こちらも矢印で繋いでおきましょう。

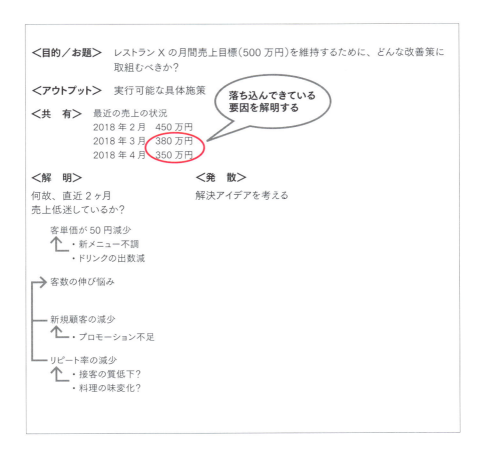

⑤そしてその中から、特に重要な要因について特定しました。

それらについては、次の「発散」の議論に続いていきますので、メンバーの意識を集中させるべく、赤丸などで強調しておきます。そしてこの次に特定した要因を解決するためのアイデアを考えるという議論が続くので、矢印で繋ぎます

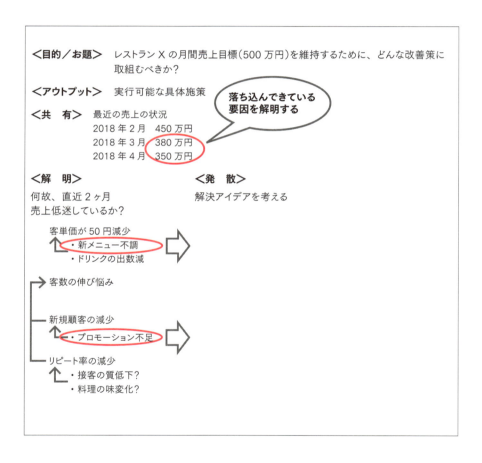

⑥発散の議論で、幾つかのアイデアが出てきました。

　出されたアイデアを整理してみると、「コストが生じるもの」と「コストが不要なもの」という上位概念で括ることができたので、切り口として「見出し」にしておきます。

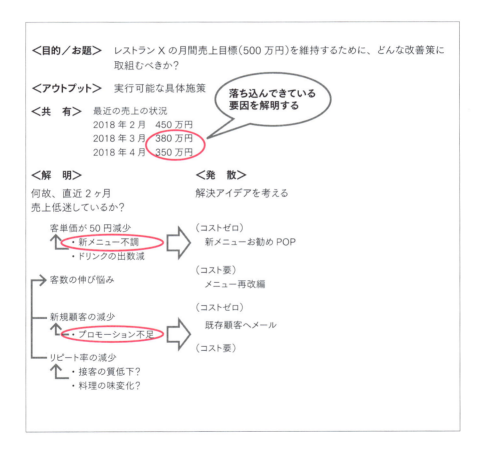

⑦切り口を参考に、アイデアが更に追加されました。

　ここで、それぞれの現時点における取組み状況について確認してみました。そうすると、色々な事実が見えてきたので、それらを補足情報として、青色の吹き出しで纏めます。

　そして、それらを参考とし、実行に移すものを、「基準」を使って選択。施策として選ばれたものを赤色の線で強調します。

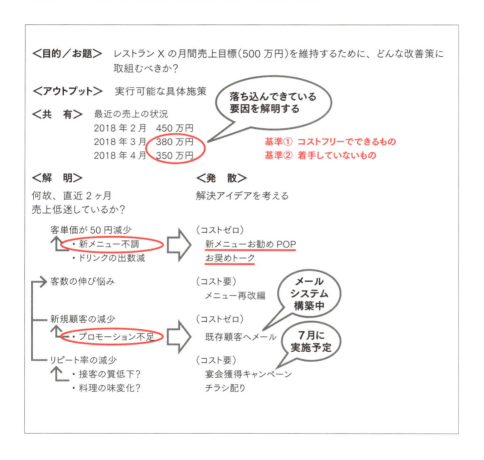

⑧最後に実行計画などを、空いているスペースに書き込みます。

　既に書き込んだ要素とごちゃごちゃにならないように、青色の線で囲っておきます。強調したい情報については、赤でマーキングしておいて下さい。これで一通りの議論は完了です。

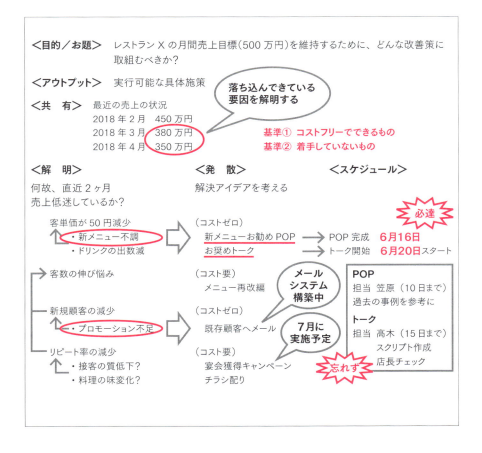

以上、基本的なグラフィックの書き方について説明しました。本書では、これだけあれば充分に活用できる、というものに絞りました。グラフィックの書き方ばかりに凝るようになり、本来的なファシリテーターの機能を果たせないというのも本末転倒です。更に細かい、応用的な技法にご興味が湧いてきた方は、ファシリテーショングラフィックの書籍が多く刊行されておりますので、是非それらも参考にしてみて下さい。

> TIPS

パワーファシリテーターは「押す時は押す」

　前述の技法を、段階的にでも会得していくことが「パワーファシリテーター」になるための道筋ですが、もう1つ覚えておかなければいけない重要な要素があります。これは、一般的なファシリテーションの教科書には、ほとんど記されていない内容であり、そのような書籍や研修にふれたことがある方には、むしろ逆のことを言っている印象を与えるかもしれません。

　それは、議論の局面によって、ファシリテーターが「**ある程度、押し気味に進めていかなければいけない場面はある**」ということ。

　これは、自らが現場でファシリテーションをやってきた中でのリアリティです。全ての場面において、全員から民主的に意見を聞いて、そこから全員で決めることができればよいのですが、基本的に時間の制約がある「現実の会議」ではそうもいきません。
　何事も、要所・急所はあります。議論の中で、早く済ませてOKなところと、じっくり深くやるところの勘所を持って、メリハリを付けて進行しなければ、意思決定には近づかないのです。
　例えば、以下のような場面において、ファシリテーターは、ある程度、押し気味に進めていくべきだと私は考えています。

言葉の「定義」を決める時

　議論の中で、言葉を定義しなければいけない局面があることはお伝えした通りですが、大概のケースで「定義のパターン」は幾つかしかありません。故に、これを何もないところから始めるのはやや時間のムダです。ファシリテーターから考えられる選択肢を出す、そして他にはないか確認する、くらいのスピード感で進めるのがいいでしょう。

意見を出すための「切り口」を出す時

　切り口を出すことは、「問い」を立てていることと同義です。故に、切り口をファシリテーターが自ら出して進行していくことに全く問題はありません。一応「この切り口で進めてOKですか？　他にはありませんか？」という確認は取って下さいね。

意見やアイデアのレベル感を調整する時

　出てきたアイデアのレベル感が整っていない、と判断したら、発言者やメンバーに問いを立て、レベルを整えさせるのが基本ですが、もしそれで詰まるようでしたら、ファシリテーターが自ら修正し「つまり、仰っていることは〇〇ということですか？」と確認し、進めて下さい。

選択するための基準を定める時

「基準」を、ファシリテーション経験が少ないメンバーから席上で出させるのは、やや難易度が高い場合があります。この問いを立て、議論が詰まることは結構あります。故に、ここはファシリテーターが、議論の目的やアウトプットと照らし合わせ、**基準のたたき台を提示し、確認の上、進める**ことがいいでしょう。

「教科書的には違う」と言う方もいらっしゃるかもしれません。もちろん、この部分を仮に無視したとしても、それ以外で充分にファシリテーションの技法は学べる内容になってはいますのでご安心下さい。ただ、現場で実際にファシリテーションをしてみると、きっとこの感覚をおわかり頂けるのではないかと思います。

第 6 章

（ファシリテーションの技法）
⑤議論のスタックから
　　　　抜け出せる

「議論のスタック」を抜け出す

　それでは、最後のセクションです。ここでは、議論がスタックした時に、どのように抜け出すか、その技法をお伝えします。

　現実の会議では、議論が思ったように前に進まない、つまり「スタック」してしまう状況は頻繁に発生します。もちろんそこで立ち往生したり、めげてしまってもいけません。「どんな困難な状況でも、解決の糸口は必ず見つかる」（筆者の人生哲学）ものです。

　解決の糸口を見つけるなら、先ずはそうなった「原因」を探索することから始めるべきです。それを素早く見つけ出し、議論を持ち直すことができると、ファシリテーターとして大きな進歩です。これはファシリテーションの技法の中でも、なかなか難易度が高いものですが、是非これをマスターして下さい。

議論がスタックする、というのはどういう状況か?

　本書で定義している「議論がスタックしている状況」とは、以下の3つのことを指します。

> Case1：発言が出てこない
> Case2：議論が堂々巡りに
> Case3：意見が対立している

●Case1：発言が出てこない

　意見やアイデアが充分に出てこなかったり、的外れなものばかりしか出てこない状況です。発言者が偏っている状況もこれに該当します。これが起こる主な理由として、

　①議論の目的を明確に認識させていない
　②発想を促すための「問い」を充分に繰り出せていない
　③ファシリテーターが喋（しゃべ）り過ぎている
　④そもそも、傍観者意識のまま参加させている

などが考えられます。①と②については、前章までに何度か解説している内容ですので、充分ご理解頂いているかと思います。故に、ここで改めて解説することはしません。
　本章で説明する新しい視点は③と④です。

③ファシリテーターが喋り過ぎている

　特に持論がある人、そのテーマに関する情報を多く持っている人がファシリテーションをやる時にありがちです。自分の役割を忘れ、自分の主張ばかり喋り過ぎていると、メンバーの発言する気持ちを削いでしまいます。もちろん発言はしてもいいのですが、それがファシリテーターからの押し付けだと思われないように、言い方（例：「これは参加者としての意見ですが・・」と言ってみる など）や、発言の順序（例：最初から自分の意見を言わず、できるだけ後で言う など）に気を付けて下さい。

④そもそも、傍観者意識のまま参加させている

　これについては少し工夫が必要です。意見やアイデアを席上で言わないから、その人に考えがないかといえば、そうとも言い切れません。いいア

イデアはあるけれども、性格の問題や、緊張するという理由で、皆の前で意見やアイデアを自発的に言うことが単に億劫、という場合もあります。そういう雰囲気や可能性を察知したら、ファシリテーターは、意見やアイデアを出しやすいようにリードしてあげて下さい。一番簡単な方法としては、「○○さんはどう思いますか？」などと、優しく指名してあげるということです。そういう方は、当てられてからすぐに発言できないかもしれませんので、発言まで少しだけ待ってあげて下さい。

もう1つの方法は、ディスカッションの前に、個人で考える時間、個人ワークの時間を入れてあげるということです。これは結構効果的です。「何となく大人しい人だな‥と思っていても、個人ワークで出てきたアウトプットが、ダントツで素晴らしいものだった」という現場を見ることはよくあります。また、毎回声の大きい人に議論を支配されてしまい、皆が発言できてないという状況がある時も、この方法は有効でしょう。

●Case2：議論が堂々巡りに

メンバーから発言は出てきているものの、結論に向かわず、論点が行ったり来たりしたり、同じような話が繰り返され、合意形成に向かって行かない状況です。

この状況が生じる主な原因として、

①ファシリテーターが、議論の構成をイメージできていない
②各段階で出てきた意見やアイデアを整理しないまま進めている
③細かく合意形成を取りながら進めていない

などが考えられます。
①については、言わずもがなでしょう。構成のイメージなく、丸腰でファ

シリテーションに臨むことは、海図なく航海に出ていくようなものです。既に前章までに解説している内容ですので、ここでは割愛します。

②は、第4章「整理編」にてお伝えしました。議論の各段階で、次に進める前にきちんと出てきた意見やアイデアを整理しておかないと、「これって何の話だっけ？」「これ、意味合い的に重なっているのでは？」とか、「ここがはっきりしていないから議論ができない・・」などという話となって、前の議論に後戻り・・ということになりかねません。

③については、前述のTips編「議論を後戻りさせないための方法」（→161頁）でお伝えしました。議論を次に進める際に、「次に進めて大丈夫ですか？」「これでアイデアは言い尽くせましたか？」というように、**コツコツ細かく合意形成を重ねる**ことをしないと、後戻りしやすくなります。

●Case3：意見が対立している

文字通り、参加者同士で意見が対立し、それを解決しないと先に進めない状況です。これが一番やっかいなのですが、かなり頻繁に発生します。Case1、Case2については、お伝えしたとおり、今まで解説した様々な技法で解決に向かうことができますが、「意見の対立」を突破するためには、新しい技法を会得することが必要です。このセクションでは、この「意見が対立している」という状況にフォーカスして説明します。

何故「意見の対立」は起こるのか？

意見の対立が起こる原因

　仮に、議論の中で、参加者同士で意見が対立したとします。対立しているそれぞれの意見を表面的に見ているだけでは、その状況を打開することはできません。ファシリテーターとして、意見が対立してしまった‥という状況を嘆く前に、やるべきことがあります。それは、意見の相違の原因となった「前提のズレ」という疑いを立てるべきです。

　では、その「前提のズレ」というのは、大きく分けて４つのパターンがあります。

> ①目的のズレ
> ②基準のズレ
> ③情報量のズレ
> ④定義のズレ

　ここから、意見対立の原因となる「４つのズレ」について、あるケースを使ってそれぞれ解説していきましょう。

4つの「前提のズレ」

ケース：「新しいチームリーダーとして、誰を選ぶか？」

ある会社での1コマ。先日、ある組織のリーダーが突然退社してしまいました。急遽、新しいチームリーダーとして、誰を推薦するか？ということで、同社経営メンバーのA専務とB役員が、議論を繰り広げていますが、どうも2人の意見が対立している様子です。

A専務の主張「私はベテランの矢下くんがいいと思うな・・・」
　心の声→（ま、今はとにかく急場をしのぐための人選でしょ？　とりあえず組織を落ち着けないといけないし。本命の登場はもう少し先の話かな）

B役員の主張「いやいや、ここは若手の荻野さんでしょ！」
　心の声→（これは組織刷新のためのいい機会でしょう。少し時間はかかるかもだけど、大胆なやり方で、大きく組織を伸ばせるポテンシャルがある人材を登用すべきでしょうよ、ここは）

●対立の原因① 目的のズレ

これは、議論の目的、つまり今何のためにこの議論をしているのか？という根本的な部分でズレが生じているのです。「新しいリーダーを選ぶ」というアウトプットは共有されているのですが、このケースの場合、そもそもの議論の目的を、A専務は「急場をとにかくしのぐため」、B役員は「中長期的な成長を図るため」と捉え、議論をしてしまっています。

このズレが一番悲惨であり、放置していてはまともな議論はできません。今は何のための議論なのか、ということを先ずははっきりさせないといけません。（もちろん、その目的が参加者間で共有できていれば、必要はありません）

・・・そうか、議論の目的がズレていたのね、ということで、二人で話した結果、B役員の言う「中長期的な成長を図るため」という目的で議論することにしました。・・・しかし、それでもまだ意見が対立している様子です。

A専務の主張「そうすると、私は中堅の中嶋くんを推すなぁ・・・中長期的な成長、となると、戦略にもあるように、部門間連携を促進しなきゃいけない訳でしょ？　そうなると調整能力に長けていることが何より重要だし、その視点だと中嶋さんでキマリでしょう」

B役員の主張「いやいや、その目的だと間違いなく荻野さんです。中長期的な成長、となったら、常識にとらわれない、大胆なアイデアを出すスキルこそ必要でしょ？　となったら、間違いなく荻野さんですよ」

●対立の原因② 基準のズレ

　目的が明確になったとしても、その下にある、選択のための「基準」にズレがあり、それが原因となり、意見が対立する場面がよくあることは、既にお伝えしている通りです。議論の「目的」自体が、最も重要な「基準」とも言えますが、目的をクリアにすると、基準をより具体的にすることができます。

　この場合、A専務は「社内調整スキルの高さ」、B役員は「アイデア発想スキルの高さ」という、それぞれが思う勝手な「基準」のもと、主張を展開してしまっています。

　先ずやるべきことは、各々の主張（誰を推すか）ということを一旦忘れて、「中長期的な成長」という目的のもと、然るべき「基準」を決めるということです。

・・・それぞれの主張から、「社内調整スキルの高さ」「アイデア発想スキルの高さ」という基準が抽出され、その他に「変革へのパッションの強さ」ということも追加することにしました。ここまで整理できると、合意形成までもう一息といったところでしょう。・・・しかし、それでもなお、意見の対立が続いているようです。

A専務の主張「その３つの基準に沿うと、社内で一番バランスが取れているのは鈴本さんかな。それぞれがNo.1ではないけど、全てにおいて人並み以上の高いレベルがあるよ。私は候補に挙がっている４名と一緒に仕事をしたことがあるので、よく知っています」

B役員の主張「うーむ。でもやっぱり荻野さんかな。まあ、私は管理畑なので、あまり現場のことはわからないし、鈴本さんのこともよく知らないけど、荻野さんは何となく、調整能力もパッションもありそうな雰囲気も出てるし、まあ大丈夫でしょ？」

● **対立の原因③ 情報量のズレ**

　これは、二人の間で「情報量のズレ」があり、それが原因で意見の対立が生まれています。せっかく「基準」が明確になっても、評価に必要となる情報の量や質に偏りがあると、当然まともな議論ができません。上長と部下、部門と部門、自社と顧客、などの間で起こりがちな状況です。議論を始める前に、参加者が正しく議論をするための情報の「共有」を行わなければいけないでしょう。

・・・先程の会議は、後日定めた目的のもと、選び出した「３つの基準」に基づいて、もう一度候補者についての評価を慎重に行い、最終的に、新しいリーダーは鈴本さんということになりました。一件落着・・と言いたいところですが、タバコ部屋の中で、二人が鈴本さんについて何か話をしているようです。

A専務の主張「いやー、この前はいい結論を出したね。鈴本さんはいい子だよ。ちなみにあの子、他の社員の誰よりも『センス』あるしね」
B役員の主張「確かに、必然性のある結論でした。だけど、『センス』ですか・・うーん『センス』ならば、ウチの部下の岡江さんも負けてないよ」
A専務の主張「いやいや、鈴本さんでしょ」
B役員の主張「違うって、岡江さんだって！」

● 対立の原因④ 定義のズレ

　どうしても対立しがちな二人です。ここで、何故対立しているかと言えば、「センス」という、非常に曖昧な言葉の定義が全く為されないまま、どちらが優れているかを議論してしまっているからです。この議論を丁寧に進めるならば、「定義」の議論、つまり「センスとは何か」について決めることを最初に行うべきでしょう。それをしないと、この話は結論が出ません。このケースは駄話ですが、実際の会議では「定義のズレ」に気を付けましょう。

　意見の対立に繋がる「前提のズレ」について、より理解を深めるために、更に２つのケースを使って解説をしていきましょう。

ケース１：「自己啓発に自由なお金と時間を使えるなら、何を選ぶ？」

　就職活動を数年先に控える、大学１年生のクラスメート同士の会話です。「自己啓発」について、熱い議論を繰り広げています。

Ａくん　　　「『自己啓発』ね。問答無用、絶対に英語を学ぶべきやろ。これでキマリや」
Ｂさん　　　「何で？　時間があるなら、資格〇〇を取っておくべきだと思うよ」
Ａくん　　　「資格〇〇？　世の中グローバル化やで。出世を考えて、今のうちから英語勉強せんとどうすんねんな」
Ｂさん　　　「違うと思う。私は資格〇〇を取った方が、就職には確実に役立つと思ってる」
Ａくん　　　「来たるべきグローバル社会で、資格〇〇とか現場で活用できるんか、ホンマに？」
Ｂさん　　　「あのねＡくん、英語の△△テストでスコア取っても、今あまり就職でインパクトないの知らないでしょ」
Ａくん　　　「そんなこと知らんわ！」

　これは、前提として何がズレているのでしょうか？
　色々な解釈があるかもしれませんが、最も気になるものは「目的のズレ」です。そもそも、この議論は何のためにやっているのか？（つまり、自己啓発をすることの目的）という部分でズレが生じています。
　この文脈から察するに、恐らくＡくんは「入社後の出世」をこの議論の目的として捉える一方、Ｂさんは「いい会社への就職」をこの議論の目的として捉えている様子です。

「基準のズレ」と答えた方

- 自己啓発のテーマを選ぶための「基準」がない、と考える方がいるかもしれませんが、議論の「目的」が明確にならないと、基準自体が拡散し過ぎて決まらない可能性があります。結果として、目的の議論に立ち返る可能性が高いです

「情報量のズレ」と答えた方

- 確かに、相手の主張に関する情報が、充分に備わっていないという印象がありますが、目的がズレている状態で情報を得ようとしても、ムダな作業に終わる可能性があります

「定義のズレ」と答えた方

- 自己啓発そのものの「定義」がズレている、という解釈もあります。定義の仕方として、「〇〇のために、自主的に自分のスキルや知識を高める行為」などと、目的にあたる要素が入っていれば同じ意味となります

ケース２：「我が社の新規事業、ターゲットをどこに定めるか？」

スマホゲームを開発しているこの会社は、新たな事業として、法人向けの「Ｅラーニング」事業を検討しています。そしてＢさんとＣさんが、その事業のターゲット設定について、意見を交わしています。

Ｂさん　「今日は、我が社の新規事業として有力候補に挙がっている、法人向けＥラーニング事業について話をしましょう」

Ｃさん　「おお、ええな。俺もその事業については賛成やで。スマホゲーム事業だけでなく、そろそろ収益源を幾つか持たんとあかんしな」

Ｂさん　「まさに目的はそこらしい。ちなみに、競合のゲーム会社の幾つ

かは、Ｅラーニングシステムを開発して、昔ながらの企業研修をやっている会社と組んで、大手企業を対象に営業を始めているらしいよ。ウチも同じ戦い方がいいかもね」

Ｃさん　「何ぃ？　Ｅラーニングはええけども、ウチが競合にならう必要はないで！」

Ｂさん　「でも大手企業には、ゲーム会社が作るＥラーニングシステムと、研修会社が実施するリアル研修の組み合わせは、実際に受けているのよ。成果も上がっているそう」

Ｃさん　「うむむ・・」

Ｂさん　「しかも！ 幾つかの研修会社さんは、ウチと組みたがっているの。彼らに開発ノウハウはないしね」

Ｃさん　「ちょっと待て。それ、ウチのノウハウが盗まれるだけちゃうかー？ やり方も変えて、中小企業を攻めようや！」

Ｂさん　「中小企業ですか。彼らにそういう教育ニーズがあるかどうかは未知数だけど・・・」

Ｃさん　「知ってるか？　日本の９割以上が中小企業やねんで。そこ狙った方がパイは大きいし、Ｅラーニング向いてる気がするで」

Ｂさん　「いやいや、大手企業を狙うべきよ。だって、営業ルートも、彼らへのサービス内容もはっきりしているし」

Ｃさん　「競合がやらんことに挑戦するのがワシららしいところやん？　中小企業への売り方なんて、リアル研修との組み合わせ以外にも、まあ色々考えられるで」

　このように、ＢさんとＣさんで意見が対立している状況です。これはどのような「前提のズレ」が生じているのでしょうか？

　何度か類似のケースをお伝えしているので、もうおわかりですよね。

先ず、議論の「目的」（会社として「他の収益源を持つ」ということ）については確認ができています。ここでズレているものは「基準」です。相手に対して、自分の主張を納得させるための色々な基準を持ち込んでいることがわかります。

　ではここで、二人の主張の中で出てきている「基準」を抽出し、基準ごとにどのような評価が為されているかについて、フレームを使って可視化してみます。

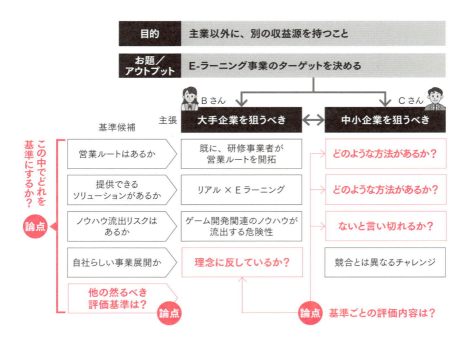

　このように、フレームを使って、基準ごとに２人が展開している主張を整理してみると、実は「穴だらけ」で、今の状態では何も判断できないということがわかります。

　そしてこの整理をした後、やらなければいけないことが３つあります。

①議論の中で出てきた基準以外に、「他にも基準がないか」を検討すること

今、整理の中で出てきた基準は、あくまでも二人の主張の中から抽出しただけであり、正しく議論を進めるならば、目的と照らし合わせ、他の可能性についても検討することが必要です。

②幾つか並んだ基準候補の中で、実際に「どれを使うか」を決めること

出てきた基準の中には、目的と照らし合わせてみると、目的とズレているもの、議論しても評価できないもの、些末過ぎるものなどが含まれている場合があります。それらに該当する基準は省き、できるだけ意味のある基準に絞りましょう。

③決定した基準のもと、情報を埋めてみること

基準が絞り込まれた後は、その基準に沿って各案を評価していきます。先ずはここまで進めてみて下さい。ここまでくると、意思決定にかなり近づいていると言えます。

それでも合意形成ができない場合の突破方法

上手く「前提のズレ」を正し、基準や主張を整理してもなお、それぞれの主張が同じレベルでぶつかり、合意形成ができないという場合も当然あります。会議が毎回「全会一致」で終わる訳ではありません。大勢は決まっているけれど、一部の少数意見が最後に残ることも現実的によくある状況です。

もちろん組織であるので、反対者でも、最後はリーダーの意思決定に従わなければいけません。それでも、現実的に反対意見が存在している訳であり、全くそれらを無視することは「質のいい意思決定」とは言えません。

故に、異論は残りながら、どちらか決定しなければいけない状況になったとしても、ファシリテーターは少しでも意思決定の質を高める努力をして下さい。そのために、以下の方法を紹介します。（また、そこに意思決定ができるリーダーがいない場合は、まさに力の見せ所。以下の方法を駆使し、何とか合意形成に持ち込まなければいけません）

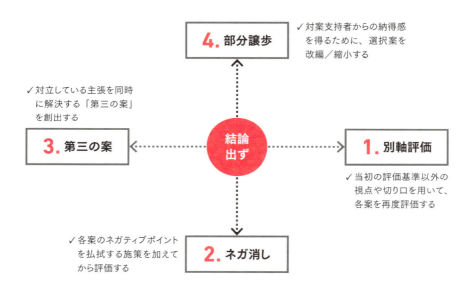

●1.別軸評価

　もし、基準ごとの評価において、候補案が同じレベルにあり、メンバーが納得できる差が出ない、という場合、「別軸評価」という方法を取ってみます。当初の評価基準では差が付かない、全ての基準でほぼ同等だった、という場合、それ以外の評価基準を用いて各案を再度評価する、という方法です。
（例）
　A社とB社の提案は、当初決めていた基準である「見積金額の妥当性」も「内容の的確性」という視点で見ると、ほぼ同等です。

ここで両候補案に対して「別軸評価」をしてみます。

これらの基準では同等だったので、次に必要と考えられる基準で評価しませんか？ 例えば、先程少しだけ話に出ていた「過去実績の多さ」とか？

●2.ネガ消し

これは前のセクションで、少しだけ紹介した方法です。基準ごとに、優劣にバラツキがある、という場合、各案のネガティブポイントを払拭する施策を検討の上、追加してから再度評価するという方法です。

（例）

遅刻者が相次ぐ状況を改善するために、何を実施すればよいか？ 意見が分かれています。

「タイムカードを導入すべき」vs.「啓発を徹底すればよい」

基準ごとの評価は以下の通り。

	抜け漏れなくできるか	各人が面倒くさくないか
タイムカード案	○	×
啓発を徹底案	×	○

ここで、両候補案について「ネガ消し」をしてみます。

- タイムカード案 「面倒くさくないか」のネガ消し検討
  →導入するタイムカードを「自動打刻型」にする。（僅かなコストアップで可能。×→○かな？）
- 啓発徹底案 「抜け漏れなくできるか」のネガ消し検討
  →定期的に部長が各社員と面談し、直接啓発する。（これは結構大変‥×→△くらい？）

こうなると、タイムカード案が選ばれる必然性が高まります。

●3.第三の案

　ネガ消しを行っても平行線の場合や、別軸評価を行っても、各基準の評価が同じレベルにあり、どちらか1つに選べないという場合は、評価が分かれている部分を同時に解決できる「第三の案」を創出してみるという方法があります。これはかなり、高度な方法と言えますが、今までの議論を踏まえて創出できたとするならば、素晴らしいアウトプットとなります。まさにこれこそ「アウフヘーベン（止揚。相矛盾する概念を高次で統一すること）」と言えます。

（例）

　今期の会社の業績を維持するために、繁忙で疲弊する従業員を休ませるべきか、でもそれでは売上が落ちてしまう・・。じゃあ、このまま頑張らせて売上を維持するべきか？　そうすると、社員がパンクしてしまう・・社長としての選択に迫られています。

　ここでファシリテーターが、両案のネガを同時に解決する「第三の案」を考えさせてみます。

「例えば、単価を上げて、受注量を抑えながら、売上を維持する方法はどうだろう？」

●4.部分譲歩

　もし、別軸評価やネガ消しでも決まらず、第三の案も出なければ、最後は、意思決定権を持っている人が判断を下さなければいけません。もし、会議の場に意思決定権者がいない場合でも、一旦どちらかの案を採択しなければ次に進みません。最後は、仮にどちらかの案を選ぶという判断です。

そこで、別案を持っている人に少しでも配慮することが必要と判断されれば、当該案を改編、縮小するなどの「部分譲歩」で、少しでも決定内容についての納得感を高めます。

（例）
先ずはこの案を選んでやってみるとして、1か月間のトライアルフェーズから始めてみましょう。もし難しければ他の案を再検討するということで、いかがですか？

では、こちらの業務改善案を一旦進めてみませんか。先ずは〇〇部門から小さく初めてみて、効果を見ながら次にどうするか検討してみましょう

ここで紹介したような状況は現実的に多く発生します。是非4つの方法を活用し、議論のスタックを突破する力を身に付けて下さい。

<付録>「ファシリテーション・カルテ」

付録として、ファシリテーターとして会議に臨む前の準備と、終了した後の振り返りを行うための切り口集（ファシリテーション・カルテ）をお伝えします。

● 1. 会議の設定

会議要件
- 目的
- お題
- アウトプット

開催日時／所要時間

メンバー
- 意思決定権者
- 参加者

アジェンダ
- 5つのSを組み合わせたアジェンダ
- 各ステップの具体的内容／繋がり
- 各ステップの想定時間配分

事前課題
- 必要性の有無
- 必要な場合は、その具体的な内容

準備物
- 会場設営
- 備品関係 など

●2. 進行上の留意点

アジェンダ内での最重要ポイント
- 想定論点
- 予想されるメンバーからの反応／対策
- 使用する切り口／フレーム

参加メンバー
- 当該メンバーで議論することの懸念点
- 及びその対応方針
- 当該メンバー内でのキーパーソン
- 及びその対応方針

自身の留意点
- ファシリテーションにおける自己課題
- 当該会議において意識すること

●3. ファシリテーション振り返り

構成
- 時間内にアウトプットを出すことができた（○・△・×）
- 冒頭で、目的やアウトプットの確認を行った（○・△・×）
- 想定した議論構成をもとに進めることができた（○・△・×）
- 必要に応じて、構成を柔軟に修正することができた（○・△・×）

修正／確認
- ズレた時、的確に正すことができた（○・△・×）
- 意味不明な時、質問することができた（○・△・×）
- 暴論を見極めることができた（○・△・×）

問い／切り口
- 「問い」を明確に提示し、考えさせることができた（○・△・×）
- 発散や解明において「切り口」を提示することができた（○・△・×）

- 各論のアイデアから、上位概念を抽出できた（○・△・×）
- 「切り口」を柔軟に変更、追加することができた（○・△・×）

整理／深掘り
- 出てきた意見やアイデアのレベル感を整えることができた（○・△・×）
- 意見やアイデアを更に深掘ることができた（○・△・×）

合意形成
- 選択の際に、「基準」を提示し、それを用いることができた（○・△・×）
- 意見が対立した時に、状況を整理し、突破することができた（○・△・×）

グラフィック
- ホワイトボードでグラフィックを活用することができた（○・△・×）
- フレームを活用することができた（○・△・×）

やり取り
- コツコツと合意形成を取りながら進めることができた（○・△・×）
- 出てきた意見やアイデアをスルーせず、拾うことができた（○・△・×）
- 会議を盛り上げることができた（○・△・×）

● 4. 次回への課題

「振り返り」から、充分できなかった内容について、次に繋げるための課題を書き出す

- 特に何が問題だったか？
- どうすればよかったか？

おわりに

　さて、本書はここで終了です。
　なかなか大変だったと思いますが、ここまで読み進めて下さり、本当に有り難うございます。
　内容についてはいかがでしたでしょうか？ 普段の「企業内研修」という形態ではなく、書籍という、表現上の制約がある手段であるため、いつもお伝えしているファシリテーションのノウハウやスキルを、全てお伝えできなかったことは心苦しいですが、できるだけわかりやすくご理解頂くための、私なりの精一杯の努力は致しました。

　本書が少しでも皆さまの業務の一助になれば、こんなに嬉しいことはありません。
　私がこの概念と出会ってから、書籍を刊行した今日に至るまで、きっと日本の誰よりも、心の底からそのスキルの魅力に取りつかれ、またそれが有する可能性を信じてきました。そして、更なる概念の浸透に向けて、自身としてそれを極めようとしてきました。そんな思いが、文面から皆さまの心に伝わればいいなと、心から思っています。

　最後に私のファシリテーションへの思いをお伝えし、本書のあとがきとさせて下さい。

　ファシリテーションは、熟達していく楽しみがある奥深いスキル。
　今まで幾度となく、現場でファシリテーションを実施し、多くの研修も行って参りましたが、毎回色々な発見があります。こうやって後書きをまとめている今も、つい先日行った研修での新しい発見を本書に盛り込みたかったなぁ・・・という思いに駆られていたりもします。

やればやるほど、スキルとしての深みと、自分自身の個性が発揮されていくこと。そして現場でかなり活用できる実践的なものであること。そのようなビジネススキルは、他にはあまりないかも知れません。そのような、とても追究し甲斐のあるスキルであると、いつも感じています。

　ファシリテーションとは、様々な仕事をもたらしてくれる媒介物。
　本編でも説明しましたが、このスキルを有していると、そのテーマについての専門的な知識を有していなかったとしても、重要な役回りを担うチャンスを掴めるきっかけになります。私自身、このスキルが、今まで多くの素敵な仕事に巡り合うきっかけとなったことは事実です。ちなみにこの秋にも、偶然ではありますが、人生を変えるような素敵な仕事に出会うことができました。
　また、様々なテーマの会議に携わることが、知識や経験の「幅」となり、また次の仕事に活きていくという「好循環」が回っている気がしています。

　ファシリテーションに宿るものとは、人や組織を変えていく力。
　私がこのテーマに傾注している最大の理由とは、ファシリテーションには組織を変える、個人を変える力があると心から信じていることです。
　一人一人の眠れる知恵や経験を引き出し、それを組織の「質の高い」意思決定に繋げていく。それは、企業にとっても個人にとっても素晴らしい状況であると思いませんか。私はそう思っています。

　人の知恵と、企業経営を繋げるブリッジ。それこそがファシリテーション。一人一人の知恵や経験が存分に引き出され、それが企業経営に直結している。そんな状況が当たり前に実現できている企業や個人を、一社でも、一人でも多く増やすことこそが自分のミッションです。そんな世界には、きっと人間らしい幸せが満ちあふれているはずです。

この場を借りまして、本書の刊行にあたり、今までお仕事をご一緒してきた全ての方、そして私の研修をご受講頂いた全ての方に、心から御礼申し上げたいと思います。皆さまとご一緒した熱い時間がまさにここに結実したと痛感しています。

　そして、プログラムの原型作りを支えてくれた細井大地さん、人事の目線で鋭い示唆を提供してくれた野崎友邦さん、粘り強く私をサポートしてくれたすばる舎の吉田真志さん、私の業務を支えてくれているスタッフの皆さん。ずっと私を温かく見守って下さっている、元博報堂役員で、今は世界を飛び回るフォトクリエーター田中廣さん、そして最後は、苦しい時にその天使のような笑顔で私を励ましてくれた大塚莉子さんに、最大の感謝の意をお伝えしたいと思います。

楠本 和矢

【著者紹介】

楠本 和矢（くすもと かずや）

プロフェッショナル・ファシリテーター
ファシリテーター内製化コンサルタント
作家

「生産性向上」をテーマに掲げる企業、次世代を担うリーダー層を対象に、ファシリテーションを中心とした、今必要とされるビジネススキルを、独自のメソドロジーを通じて、短時間で伝授するプロフェッショナル。
ファシリテーションについては、現場特有の困難な状況を乗り越えるための「5つのスキル」をベースとしたプログラムの開発、提供、及び企業内ファシリテーター内製化のコンサルティングを行っている。

新卒で総合商社丸紅に入社。新人の年に、自身が提案した新規事業の開発担当となり、国内初の某ビジネス立ち上げに成功するも、事業推進における「マーケティング」の重要性を痛感し、その世界へ転身。その後、マーケティングコンサルティングを天職と感じつつ、某社のトップコンサルタントとして最前線にて活躍。顧客との「垣根を越えたパートナーシップ」をポリシーに掲げ、数々のプロジェクトを成功に導く。

しかし、コンサルタントという立場での戦略実行の限界を肌で感じ、コンサルティングの考え方を転換。
「戦略は、顧客が作り実行するもの。コンサルタントの本来の役割とは、それを顧客自らできるようになるための支援を行うこと」

このポリシーのもと、現場で長年蓄積した「実践知」をベースとした、ファシリテーションを中心とした人材育成プログラムの開発と提供、及びそれらの内製化コンサルティングに注力。

企業内研修講師としては、直近3年で、200回以上の企業内研修やセミナー、講演等を実施し、平均満足度は98％を超えるなど、数多くの企業から熱い支持を受けている。ファシリテーションに関する直近の目標は「国内No.1ファシリテーション講師」という確たる評価の獲得としている。
その先にある、作り上げたいものとは、「一人一人の知恵や経験が存分に引き出され、存分に活用されている社会」。
それを自身のミッションとして捉え、日々邁進している。

＜取材・講演依頼、その他お問い合わせ＞
https://grament.jp/　（個人ブログ・プロフィールページ）

Book Design：山田知子（チコルズ）
トレース　　：クリィーク

会議の生産性を高める
実践　パワーファシリテーション

2019年　2月21日　第1刷発行

著　者 ── 楠本 和矢
発行者 ── 徳留 慶太郎
発行所 ── 株式会社すばる舎
　　　　　〒170-0013 東京都豊島区東池袋 3-9-7 東池袋織本ビル
　　　　　TEL　03-3981-8651（代表）03-3981-0767（営業部直通）
　　　　　FAX　03-3981-8638
　　　　　URL　http://www.subarusya.jp/
　　　　　振替　00140-7-116563
印　刷 ── 株式会社シナノ

落丁・乱丁本はお取り替えいたします
©Kazuya Kusumoto　2019 Printed in Japan
ISBN978-4-7991-0757-7